FRIEDRICH VON SCHILLER

DIE JUNGFRAU VON ORLEANS

Eine romantische Tragödie

HAMBURGER LESEHEFTE VERLAG
HUSUM/NORDSEE

PERSONEN

KARL DER SIEBENTE, König von Frankreich
KÖNIGIN ISABEAU, seine Mutter
AGNES SOREL, seine Geliebte
PHILIPP DER GUTE, Herzog von Burgund
GRAF DUNOIS, Bastard von Orleans
LA HIRE, DU CHATEL – königliche Offiziere
ERZBISCHOF VON REIMS
CHATILLON, ein burgundischer Ritter
RAOUL, ein lothringischer Ritter
TALBOT, Feldherr der Engelländer
LIONEL, FASTOLF – englische Anführer
MONTGOMERY, ein Walliser
RATSHERREN VON ORLEANS
EIN ENGLISCHER HEROLD
THIBAUT D'ARC, ein reicher Landmann
MARGOT, LOUISON, JOHANNA – seine Töchter
ETIENNE, CLAUDE MARIE, RAIMOND – ihre Freier
BERTRAND, ein anderer Landmann
DIE ERSCHEINUNG EINES SCHWARZEN RITTERS
KÖHLER UND KÖHLER WEIB
Soldaten und Volk, Königliche Kronbediente, Bischöfe, Mönche, Marschälle, Magistratspersonen, Hofleute und andere stumme Personen im Gefolge des Krönungszuges

PROLOG

Eine ländliche Gegend.
Vorn zur Rechten ein Heiligenbild in einer Kapelle;
zur Linken eine hohe Eiche.

ERSTER AUFTRITT

Thibaut d'Arc. Seine drei Töchter.
Drei junge Schäfer, ihre Freier.

THIBAUT. Ja, liebe Nachbarn! Heute sind wir noch
Franzosen, freie Bürger noch und Herren
Des alten Bodens, den die Väter pflügten;
Wer weiß, wer morgen über uns befiehlt!
Denn aller Orten lässt der Engelländer
Sein sieghaft Banner fliegen, seine Rosse
Zerstampfen Frankreichs blühende Gefilde.
Paris hat ihn als Sieger schon empfangen,
Und mit der alten Krone Dagoberts
Schmückt es den Sprössling eines fremden Stamms.
Der Enkel unsrer Könige muss irren
Enterbt und flüchtig durch sein eignes Reich,
Und wider ihn im Heer der Feinde kämpft
Sein nächster Vetter und sein erster Pair,
Ja seine Rabenmutter führt es an.
Rings brennen Dörfer, Städte. Näher stets
Und näher wälzt sich der Verheerung Rauch
An diese Täler, die noch friedlich ruhn.
– Drum, liebe Nachbarn, hab ich mich mit Gott
Entschlossen, weil ich's heute noch vermag,
Die Töchter zu versorgen; denn das Weib
Bedarf in Kriegesnöten des Beschützers,
Und treue Lieb hilft alle Lasten heben.
(Zu dem ersten Schäfer)
– Kommt, Etienne! Ihr werbt um meine Margot.
Die Äcker grenzen nachbarlich zusammen,
Die Herzen stimmen überein – das stiftet
Ein gutes Ehband! *(Zu dem zweiten)*
Claude Marie! Ihr schweigt,
Und meine Louison schlägt die Augen nieder?
Werd ich zwei Herzen trennen, die sich fanden,
Weil Ihr nicht Schätze mir zu bieten habt?

Wer hat jetzt Schätze? Haus und Scheune sind
Des nächsten Feindes oder Feuers Raub –
Die treue Brust des braven Manns allein
Ist ein sturmfestes Dach in diesen Zeiten.
LOUISON. Mein Vater!
CLAUDE MARIE. Meine Louison!
LOUISON *(Johanna umarmend).* Liebe Schwester!
THIBAUT. Ich gebe jeder dreißig Acker Landes
Und Stall und Hof und eine Herde – Gott
Hat mich gesegnet und so segn er euch!
MARGOT *(Johanna umarmend).*
Erfreue unsern Vater. Nimm ein Beispiel!
Lass diesen Tag drei frohe Bande schließen.
THIBAUT.
Geht! Machet Anstalt. Morgen ist die Hochzeit,
Ich will, das ganze Dorf soll sie mitfeiern.
(Die zwei Paare gehen Arm in Arm geschlungen ab.)

ZWEITER AUFTRITT

Thibaut. Raimond. Johanna.

THIBAUT. Jeanette, deine Schwestern machen Hochzeit,
Ich seh sie glücklich, sie erfreun mein Alter,
Du, meine Jüngste, machst mir Gram und Schmerz.
RAIMOND.
Was fällt Euch ein! Was scheltet Ihr die Tochter?
THIBAUT. Hier dieser wackre Jüngling, dem sich keiner
Vergleicht im ganzen Dorf, der Treffliche,
Er hat dir seine Neigung zugewendet,
Und wirbt um dich, schon ist's der dritte Herbst,
Mit stillem Wunsch, mit herzlichem Bemühn,
Du stößest ihn verschlossen, kalt, zurück,
Noch sonst ein andrer von den Hirten allen
Mag dir ein gütig Lächeln abgewinnen.
– Ich sehe dich in Jugendfülle prangen,
Dein Lenz ist da, es ist die Zeit der Hoffnung,
Entfaltet ist die Blume deines Leibes,
Doch stets vergebens harr ich, dass die Blume
Der zarten Lieb aus ihrer Knospe breche,
Und freudig reife zu der goldnen Frucht!
O das gefällt mir nimmermehr und deutet

Auf eine schwere Irrung der Natur!
Das Herz gefällt mir nicht, das streng und kalt
Sich zuschließt in den Jahren des Gefühls.

RAIMOND.
Lasst's gut sein, Vater Arc! Lasst sie gewähren!
Die Liebe meiner trefflichen Johanna
Ist eine edle zarte Himmelsfrucht,
Und still allmählich reift das Köstliche!
Jetzt liebt sie noch, zu wohnen auf den Bergen,
Und von der freien Heide fürchtet sie
Herabzusteigen in das niedre Dach
Der Menschen, wo die engen Sorgen wohnen.
Oft seh ich ihr aus tiefem Tal mit stillem
Erstaunen zu, wenn sie auf hoher Trift
In Mitte ihrer Herde ragend steht,
Mit edelm Leibe, und den ernsten Blick
Herabsenkt auf der Erde kleine Länder.
Da scheint sie mir was Höh'res zu bedeuten,
Und dünkt mir's oft, sie stamm aus andern Zeiten.

THIBAUT. Das ist es, was mir nicht gefallen will!
Sie flieht der Schwestern fröhliche Gemeinschaft,
Die öden Berge sucht sie auf, verlässet
Ihr nächtlich Lager vor dem Hahnenruf,
Und in der Schreckensstunde, wo der Mensch
Sich gern vertraulich an den Menschen schließt,
Schleicht sie, gleich dem einsiedlerischen Vogel,
Heraus ins graulich düstre Geisterreich
Der Nacht, tritt auf den Kreuzweg hin und pflegt
Geheime Zweisprach mit der Luft des Berges.
Warum erwählt sie immer *diesen* Ort
Und treibt gerade hieher ihre Herde?
Ich sehe sie zu ganzen Stunden sinnend
Dort unter dem Druidenbaume sitzen,
Den alle glückliche Geschöpfe fliehn.
Denn nicht geheu'r ist's hier, ein böses Wesen
Hat seinen Wohnsitz unter diesem Baum
Schon seit der alten grauen Heidenzeit.
Die Ältesten im Dorf erzählen sich
Von diesem Baume schauerhafte Mären,
Seltsamer Stimmen wundersamen Klang
Vernimmt man oft aus seinen düstern Zweigen.
Ich selbst, als mich in später Dämmrung einst
Der Weg an diesem Baum vorüberführte,

Hab ein gespenstisch Weib hier sitzen sehn.
Das streckte mir aus weit gefaltetem
Gewande langsam eine dürre Hand
Entgegen, gleich als winkt' es, doch ich eilte
Fürbass und Gott befahl ich meine Seele.

RAIMOND *(auf das Heiligenbild in der Kapelle zeigend).*
Des Gnadenbildes segenreiche Näh,
Das hier des Himmels Frieden um sich streut,
Nicht Satans Werk führt Eure Tochter her.

THIBAUT.
O nein! nein! Nicht vergebens zeigt sich's mir
In Träumen an und ängstlichen Gesichten.
Zu dreien Malen hab ich sie gesehn
Zu Reims auf unsrer Könige Stuhle sitzen,
Ein funkelnd Diadem von sieben Sternen
Auf ihrem Haupt, das Zepter in der Hand,
Aus dem drei weiße Lilien entsprangen,
Und ich, ihr Vater, ihre beiden Schwestern
Und alle Fürsten, Grafen, Erzbischöfe,
Der König selber, neigten sich vor ihr.
Wie kommt mir solcher Glanz in meine Hütte?
O das bedeutet einen tiefen Fall!
Sinnbildlich stellt mir dieser Warnungstraum
Das eitle Trachten ihres Herzens dar.
Sie schämt sich ihrer Niedrigkeit – weil Gott
Mit reicher Schönheit ihren Leib geschmückt,
Mit hohen Wundergaben sie gesegnet,
Vor allen Hirtenmädchen dieses Tals,
So nährt sie sünd'gen Hochmut in dem Herzen,
Und Hochmut ist's, wodurch die Engel fielen,
Woran der Höllengeist den Menschen fasst.

RAIMOND. Wer hegt bescheidnern tugendlichern Sinn
Als Eure fromme Tochter? Ist sie's nicht,
Die ihren ältern Schwestern freudig dient?
Sie ist die hoch begabteste von allen,
Doch seht Ihr sie wie eine niedre Magd
Die schwersten Pflichten still gehorsam üben,
Und unter ihren Händen wunderbar
Gedeihen Euch die Herden und die Saaten;
Um alles was sie schafft, ergießet sich
Ein unbegreiflich überschwänglich Glück.

THIBAUT.
Jawohl! Ein unbegreiflich Glück – Mir kommt

Ein eigen Grauen an bei diesem Segen!
– Nichts mehr davon. Ich schweige. Ich will schweigen;
Soll ich mein eigen teures Kind anklagen?
Ich kann nichts tun als warnen, für sie beten!
Doch warnen muss ich – Fliehe diesen Baum,
Bleib nicht allein, und grabe keine Wurzeln
Um Mitternacht, bereite keine Tränke,
Und schreibe keine Zeichen in den Sand –
Leicht aufzuritzen ist das Reich der Geister,
Sie liegen wartend unter dünner Decke,
Und leise hörend stürmen sie herauf.
Bleib nicht allein, denn in der Wüste trat
Der Satansengel selbst zum Herrn des Himmels.

DRITTER AUFTRITT

Bertrand tritt auf, einen Helm in der Hand.
Thibaut. Raimond. Johanna.

RAIMOND.
Still! Da kommt Bertrand aus der Stadt zurück.
Sieh, was er trägt!
BERTRAND. Ihr staunt mich an, ihr seid
Verwundert ob des seltsamen Gerätes
In meiner Hand.
THIBAUT. Das sind wir. Saget an,
Wie kamt Ihr zu dem Helm, was bringt Ihr uns
Das böse Zeichen in die Friedensgegend?
(Johanna, welche in beiden vorigen Szenen still und ohne Anteil auf der Seite gestanden, wird aufmerksam und tritt näher.)
BERTRAND.
Kaum weiß ich selbst zu sagen, wie das Ding
Mir in die Hand geriet. Ich hatte eisernes
Gerät mir eingekauft zu Vaucouleurs,
Ein großes Drängen fand ich auf dem Markt,
Denn flücht'ges Volk war eben angelangt
Von Orleans mit böser Kriegespost.
Im Aufruhr lief die ganze Stadt zusammen,
Und als ich Bahn mir machte durchs Gewühl,
Da tritt ein braun Bohemerweib mich an
Mit diesem Helm, fasst mich ins Auge scharf,
Und spricht: „Gesell, Ihr suchet einen Helm,

Ich weiß, Ihr suchet einen. Da! Nehmt hin!
Um ein Geringes steht er Euch zu Kaufe.“
– „Geht zu den Lanzenknechten“, sagt’ ich ihr,
„Ich bin ein Landmann, brauche nicht des Helmes.“
Sie aber ließ nicht ab und sagte ferner:
„Kein Mensch vermag zu sagen, ob er nicht
Des Helmes braucht. Ein stählern Dach fürs Haupt
Ist jetzo mehr wert als ein steinern Haus.“
So trieb sie mich durch alle Gassen, mir
Den Helm aufnötigend, den ich nicht wollte.
Ich sah den Helm, dass er so blank und schön
Und würdig eines ritterlichen Haupts,
Und da ich zweifelnd in der Hand ihn wog,
Des Abenteuers Seltsamkeit bedenkend,
Da war das Weib mir aus den Augen, schnell
Hinweggerissen hatte sie der Strom
Des Volkes, und der Helm blieb mir in Händen.

JOHANNA *(rasch und begierig darnach greifend).*
Gebt mir den Helm!

BERTRAND. Was frommt Euch dies Geräte?
Das ist kein Schmuck für ein jungfräulich Haupt.

JOHANNA *(entreißt ihm den Helm).*
Mein ist der Helm und mir gehört er zu.

THIBAUT.
Was fällt dem Mädchen ein?

RAIMOND. Lasst ihr den Willen!
Wohl ziemt ihr dieser kriegerische Schmuck,
Denn ihre Brust verschließt ein männlich Herz.
Denkt nach, wie sie den Tigerwolf bezwang,
Das grimmig wilde Tier, das unsre Herden
Verwüstete, den Schrecken aller Hirten.
Sie ganz allein, die löwenherz’ge Jungfrau,
Stritt mit dem Wolf und rang das Lamm ihm ab,
Das er im blut’gen Rachen schon davontrug.
Welch tapfres Haupt auch dieser Helm bedeckt,
Er kann kein würdigeres zieren!

THIBAUT *(zu Bertrand).* Sprecht!
Welch neues Kriegesunglück ist geschehn?
Was brachten jene Flüchtigen?

BERTRAND. Gott helfe
Dem König und erbarme sich des Landes!
Geschlagen sind wir in zwei großen Schlachten,
Mitten in Frankreich steht der Feind, verloren

Sind alle Länder bis an die Loire –
Jetzt hat er seine ganze Macht zusammen
Geführt, womit er Orleans belagert.

THIBAUT.
Gott schütze den König!

BERTRAND. Unermessliches
Geschütz ist aufgebracht von allen Enden,
Und wie der Bienen dunkelnde Geschwader
Den Korb umschwärmen in des Sommers Tagen,
Wie aus geschwärzter Luft die Heuschreckwolke
Herunterfällt und meilenlang die Felder
Bedeckt in unabsehbarem Gewimmel,
So goss sich eine Kriegeswolke aus
Von Völkern über Orleans' Gefilde,
Und von der Sprachen unverständlichem
Gemisch verworren dumpf erbraust das Lager
Denn auch der mächtige Burgund, der Länder-
Gewaltige, hat seine Mannen alle
Herbeigeführt, die Lütticher, Luxemburger,
Die Hennegauer, die vom Lande Namur,
Und die das glückliche Brabant bewohnen,
Die üpp'gen Genter, die in Samt und Seide
Stolzieren, die von Seeland, deren Städte
Sich reinlich aus dem Meereswasser heben,
Die Herden melkenden Holländer, die
Von Utrecht, ja vom äußersten Westfriesland,
Die nach dem Eispol schaun – Sie folgen alle
Dem Heerbann des gewaltig herrschenden
Burgund und wollen Orleans bezwingen.

THIBAUT. O des unselig jammervollen Zwists,
Der Frankreichs Waffen wider Frankreich wendet!

BERTRAND. Auch sie, die alte Königin, sieht man,
Die stolze Isabeau, die Bayerfürstin,
In Stahl gekleidet durch das Lager reiten,
Mit gift'gen Stachelworten alle Völker
Zur Wut aufregen wider ihren Sohn,
Den sie in ihrem Mutterschoß getragen!

THIBAUT. Fluch treffe sie! Und möge Gott sie einst
Wie jene stolze Jesabel verderben!

BERTRAND. Der fürchterliche Salisbury, der Mauern-
Zertrümmerer, führt die Belagrung an,
Mit ihm des Löwen Bruder Lionel,
Und Talbot, der mit mörderischem Schwert

Die Völker niedermähet in den Schlachten.
In frechem Mute haben sie geschworen,
Der Schmach zu weihen alle Jungfrauen,
Und was das Schwert geführt, dem Schwert zu opfern.
Vier hohe Warten haben sie erbaut,
Die Stadt zu überragen; oben späht
Graf Salisbury mit mordbegier'gem Blick,
Und zählt den schnellen Wandrer auf den Gassen.
Viel tausend Kugeln schon von Zentners Last
Sind in die Stadt geschleudert, Kirchen liegen
Zertrümmert, und der königliche Turm
Von Notre Dame beugt sein erhabnes Haupt.
Auch Pulvergänge haben sie gegraben
Und über einem Höllenreiche steht
Die bange Stadt, gewärtig jede Stunde,
Dass es mit Donners Krachen sich entzünde.
(Johanna horcht mit gespannter Aufmerksamkeit und setzt sich den Helm auf.)

THIBAUT. Wo aber waren denn die tapfern Degen
Saintrailles, La Hire und Frankreichs Brustwehr,
Der heldenmüt'ge Bastard, dass der Feind
So allgewaltig reißend vorwärts drang?
Wo ist der König selbst, und sieht er müßig
Des Reiches Not und seiner Städte Fall?

BERTRAND. Zu Chinon hält der König seinen Hof,
Es fehlt an Volk, er kann das Feld nicht halten.
Was nützt der Führer Mut, der Helden Arm,
Wenn bleiche Furcht die Heere lähmt?
Ein Schrecken, wie von Gott herabgesandt,
Hat auch die Brust der Tapfersten ergriffen.
Umsonst erschallt der Fürsten Aufgebot.
Wie sich die Schafe bang zusammendrängen,
Wenn sich des Wolfes Heulen hören lässt,
So sucht der Franke, seines alten Ruhms
Vergessend, nur die Sicherheit der Burgen.
Ein einz'ger Ritter nur, hört' ich erzählen,
Hab eine schwache Mannschaft aufgebracht,
Und zieh dem König zu mit sechzehn Fahnen.

JOHANNA *(schnell).*
Wie heißt der Ritter?

BERTRAND. Baudricour. Doch schwerlich
Möcht er des Feindes Kundschaft hintergehn,
Der mit zwei Heeren seinen Fersen folgt.

JOHANNA.
Wo hält der Ritter? Sagt mir's, wenn Ihr's wisset.
BERTRAND. Er steht kaum eine Tagereise weit
Von Vaucouleurs.
THIBAUT *(zu Johanna).*
Was kümmert's dich! Du fragst
Nach Dingen, Mädchen, die dir nicht geziemen.
BERTRAND. Weil nun der Feind so mächtig und kein Schutz
Vom König mehr zu hoffen, haben sie
Zu Vaucouleurs einmütig den Beschluss
Gefasst, sich dem Burgund zu übergeben.
So tragen wir nicht fremdes Joch und bleiben
Beim alten Königsstamme – ja vielleicht
Zur alten Krone fallen wir zurück,
Wenn einst Burgund und Frankreich sich versöhnen.
JOHANNA *(in Begeisterung).*
Nichts von Verträgen! Nichts von Übergabe!
Der Retter naht, er rüstet sich zum Kampf.
Vor Orleans soll das Glück des Feindes scheitern,
Sein Maß ist voll, er ist zur Ernte reif.
Mit ihrer Sichel wird die Jungfrau kommen,
Und seines Stolzes Saaten niedermähn,
Herab vom Himmel reißt sie seinen Ruhm,
Den er hoch an den Sternen aufgehangen.
Verzagt nicht! Fliehet nicht! Denn eh der Roggen
Gelb wird, eh sich die Mondesscheibe füllt,
Wird kein engländisch' Ross mehr aus den Wellen
Der prächtig strömenden Loire trinken.
BERTRAND. Ach! Es geschehen keine Wunder mehr!
JOHANNA.
Es geschehn noch Wunder – Eine weiße Taube
Wird fliegen und mit Adlerskühnheit diese Geier
Anfallen, die das Vaterland zerreißen.
Darnieder kämpfen wird sie diesen stolzen
Burgund, den Reichsverräter, diesen Talbot,
Den himmelstürmend hunderthändigen,
Und diesen Salisbury, den Tempelschänder,
Und diese frechen Inselwohner alle
Wie eine Herde Lämmer vor sich jagen.
Der Herr wird mit ihr sein, der Schlachten Gott.
Sein zitterndes Geschöpf wird er erwählen,
Durch eine zarte Jungfrau wird er sich
Verherrlichen, denn er ist der Allmächt'ge!

THIBAUT.
Was für ein Geist ergreift die Dirn?
RAIMOND. Es ist
Der Helm, der sie so kriegerisch beseelt.
Seht Eure Tochter an. Ihr Auge blitzt,
Und glühend Feuer sprühen ihre Wangen!
JOHANNA.
Dies Reich soll fallen? Dieses Land des Ruhms,
Das schönste, das die ew'ge Sonne sieht
In ihrem Lauf, das Paradies der Länder,
Das Gott liebt, wie den Apfel seines Auges,
Die Fesseln tragen eines fremden Volks!
– Hier scheiterte der Heiden Macht. Hier war
Das erste Kreuz, das Gnadenbild erhöht,
Hier ruht der Staub des heil'gen Ludewig,
Von hier aus ward Jerusalem erobert.
BERTRAND *(erstaunt)*.
Hört ihre Rede! Woher schöpfte sie
Die hohe Offenbarung – Vater Arc!
Euch gab Gott eine wundervolle Tochter!
JOHANNA.
Wir sollen keine eigne Könige
Mehr haben, keinen eingebornen Herrn –
Der König, der nie stirbt, soll aus der Welt
Verschwinden – der den heil'gen Pflug beschützt,
Der die Trift beschützt und fruchtbar macht die Erde,
Der die Leibeignen in die Freiheit führt,
Der die Städte freudig stellt um seinen Thron –
Der dem Schwachen beisteht und den Bösen schreckt,
Der den Neid nicht kennet, denn er ist der Größte,
Der ein Mensch ist und ein Engel der Erbarmung
Auf der feindsel'gen Erde. – Denn der Thron
Der Könige, der von Golde schimmert, ist
Das Obdach der Verlassenen – hier steht
Die Macht und die Barmherzigkeit – es zittert
Der Schuldige, vertrauend naht sich der Gerechte,
Und scherzet mit den Löwen um den Thron!
Der fremde König, der von außen kommt,
Dem keines Ahnherrn heilige Gebeine
In diesem Lande ruhn, kann er es lieben?
Der nicht jung war mit unsern Jünglingen,
Dem unsre Worte nicht zum Herzen tönen,
Kann er ein Vater sein zu seinen Söhnen?

THIBAUT.
Gott schütze Frankreich und den König! Wir
Sind friedliche Landleute, wissen nicht
Das Schwert zu führen, noch das kriegerische Ross
Zu tummeln. – Lasst uns still gehorchend harren,
Wen uns der Sieg zum König geben wird.
Das Glück der Schlachten ist das Urteil Gottes,
Und unser Herr ist, wer die heil'ge Ölung
Empfängt und sich die Kron aufsetzt zu Reims.
– Kommt an die Arbeit! Kommt! Und denke jeder
Nur an das Nächste! Lassen wir die Großen,
Der Erde Fürsten um die Erde losen,
Wir können ruhig die Zerstörung schauen,
Denn sturmfest steht der Boden, den wir bauen.
Die Flamme brenne unsre Dörfer nieder,
Die Saat zerstampfe ihrer Rosse Tritt,
Der neue Lenz bringt neue Saaten mit,
Und schnell erstehn die leichten Hütten wieder!
(Alle außer der Jungfrau gehen ab.)

VIERTER AUFTRITT

Johanna allein.

JOHANNA. Lebt wohl, ihr Berge, ihr geliebten Triften,
Ihr traulich stillen Täler lebet wohl!
Johanna wird nun nicht mehr auf euch wandeln,
Johanna sagt euch ewig Lebewohl.
Ihr Wiesen, die ich wässerte, ihr Bäume,
Die ich gepflanzet, grünet fröhlich fort!
Lebt wohl, ihr Grotten und ihr kühlen Brunnen!
Du Echo, holde Stimme dieses Tals,
Die oft mir Antwort gab auf meine Lieder,
Johanna geht und nimmer kehrt sie wieder!

Ihr Plätze alle meiner stillen Freuden,
Euch lass ich hinter mir auf immerdar!
Zerstreuet euch, ihr Lämmer auf der Heiden,
Ihr seid jetzt eine hirtenlose Schar,
Denn eine andre Herde muss ich weiden,
Dort auf dem blut'gen Felde der Gefahr,
So ist des Geistes Ruf an mich ergangen,
Mich treibt nicht eitles, irdisches Verlangen.

Denn der zu Mosen auf des Horebs Höhen
Im feur'gen Busch sich flammend niederließ,
Und ihm befahl, vor Pharao zu stehen,
Der einst den frommen Knaben Isais,
Den Hirten, sich zum Streiter ausersehen,
Der stets den Hirten gnädig sich bewies,
Er sprach zu mir aus dieses Baumes Zweigen:
„Geh hin! Du sollst auf Erden für mich zeugen.

In raues Erz sollst du die Glieder schnüren,
Mit Stahl bedecken deine zarte Brust,
Nicht Männerliebe darf dein Herz berühren
Mit sünd'gen Flammen eitler Erdenlust,
Nie wird der Brautkranz deine Locke zieren,
Dir blüht kein lieblich Kind an deiner Brust,
Doch werd ich dich mit kriegerischen Ehren,
Vor allen Erdenfrauen dich verklären.

Denn wenn im Kampf die Mutigsten verzagen,
Wenn Frankreichs letztes Schicksal nun sich naht,
Dann wirst du meine Oriflamme tragen
Und wie die rasche Schnitterin die Saat,
Den stolzen Überwinder niederschlagen,
Umwälzen wirst du seines Glückes Rad,
Errettung bringen Frankreichs Heldensöhnen,
Und Reims befrein und deinen König krönen!"

Ein Zeichen hat der Himmel mir verheißen,
Er sendet mir den Helm, er kommt von i h m,
Mit Götterkraft berühret mich sein Eisen,
Und mich durchflammt der Mut der Cherubim,
Ins Kriegsgewühl hinein will es mich reißen,
Es treibt mich fort mit Sturmes Ungestüm,
Den Feldruf hör ich mächtig zu mir dringen,
Das Schlachtross steigt und die Trompeten klingen.

(Sie geht ab.)

ERSTER AUFZUG

Hoflager König Karls zu Chinon.

ERSTER AUFTRITT

Dunois und Du Chatel.

DUNOIS. Nein, ich ertrag es länger nicht. Ich sage
Mich los von diesem König, der unrühmlich
Sich selbst verlässt. Mir blutet in der Brust
Das tapfre Herz und glühnde Tränen möcht ich weinen,
Dass Räuber in das königliche Frankreich
Sich teilen mit dem Schwert, die edeln Städte,
Die mit der Monarchie gealtert sind,
Dem Feind die rost'gen Schlüssel überliefern,
Indes wir hier in tatenloser Ruh
Die köstlich edle Rettungszeit verschwenden.
– Ich höre Orleans bedroht, ich fliege
Herbei aus der entlegnen Normandie,
Den König denk ich kriegerisch gerüstet
An seines Heeres Spitze schon zu finden,
Und find ihn – hier! umringt von Gaukelspielern
Und Troubadours, spitzfind'ge Rätsel lösend
Und der Sorel galante Feste gebend,
Als waltete im Reich der tiefste Friede!
– Der Connetable geht, er kann den Gräul
Nicht länger ansehn. – Ich verlass ihn auch,
Und übergeb ihn seinem bösen Schicksal.
DU CHATEL. Da kommt der König!

ZWEITER AUFTRITT

König Karl zu den Vorigen.

KARL. Der Connetable schickt sein Schwert zurück,
Und sagt den Dienst mir auf. – In Gottes Namen!
So sind wir eines mürr'schen Mannes los,
Der unverträglich uns nur meistern wollte.
DUNOIS. E i n Mann ist viel wert in so teurer Zeit,
Ich möcht ihn nicht mit leichtem Sinn verlieren.
KARL. Das sagst du nur aus Lust des Widerspruchs,

So lang er da war, warst du nie sein Freund.
DUNOIS. Er war ein stolz verdrießlich schwerer Narr,
Und wusste nie zu enden – diesmal aber
Weiß er's. Er weiß zu rechter Zeit zu gehn,
Wo keine Ehre mehr zu holen ist.
KARL. Du bist in deiner angenehmen Laune,
Ich will dich nicht drin stören. – Du Chatel!
Es sind Gesandte da vom alten König
René, belobte Meister im Gesang,
Und weit berühmt. – Man muss sie wohl bewirten,
Und jedem eine goldne Kette reichen.
(Zum Bastard.)
Worüber lachst du?
DUNOIS. Dass du goldne Ketten
Aus deinem Munde schüttelst.
DU CHATEL. Sire! Es ist
Kein Geld in deinem Schatze mehr vorhanden.
KARL. So schaffe welches. – Edle Sänger dürfen
Nicht ungeehrt von meinem Hofe ziehn.
Sie machen uns den dürren Zepter blühn,
Sie flechten den unsterblich grünen Zweig
Des Lebens in die unfruchtbare Krone,
Sie stellen herrschend sich den Herrschern gleich,
Aus leichten Wünschen bauen sie sich Throne,
Und nicht im Raume liegt ihr harmlos Reich,
Drum soll der Sänger mit dem König gehen,
Sie beide wohnen auf der Menschheit Höhen!
DU CHATEL. Mein königlicher Herr! Ich hab dein Ohr
Verschont, so lang noch Rat und Hülfe war,
Doch endlich löst die Notdurft mir die Zunge.
– Du hast nichts mehr zu schenken, ach! du hast
Nicht mehr, wovon du morgen könntest leben!
Die hohe Flut des Reichtums ist zerflossen,
Und tiefe Ebbe ist in deinem Schatz.
Den Truppen ist der Sold noch nicht bezahlt,
Sie drohen murrend abzuziehn. – Kaum weiß
Ich Rat, dein eignes königliches Haus
Notdürftig nur, nicht fürstlich, zu erhalten.
KARL. Verpfände meine königlichen Zölle,
Und lass dir Geld darleihn von den Lombarden.
DU CHATEL. Sire, deine Kroneinkünfte, deine Zölle
Sind auf drei Jahre schon voraus verpfändet.
DUNOIS. Und unterdes geht Pfand und Land verloren.

KARL. Uns bleiben noch viel reiche schöne Länder.
DUNOIS. So lang es Gott gefällt und Talbots Schwert!
Wenn Orleans genommen ist, magst du
Mit deinem König René Schafe hüten.
KARL. Stets übst du deinen Witz an diesem König.
Doch ist es dieser länderlose Fürst,
Der eben heut mich königlich beschenkte.
DUNOIS. Nur nicht mit seiner Krone von Neapel,
Um Gottes willen nicht! Denn die ist feil,
Hab ich gehört, seitdem er Schafe weidet.
KARL. Das ist ein Scherz, ein heitres Spiel, ein Fest,
Das er sich selbst und seinem Herzen gibt,
Sich eine schuldlos reine Welt zu gründen
In dieser rau barbar'schen Wirklichkeit.
Doch was er Großes, Königliches will –
Er will die alten Zeiten wiederbringen,
Wo zarte Minne herrschte, wo die Liebe
Der Ritter große Heldenherzen hob,
Und edle Frauen zu Gerichte saßen,
Mit zartem Sinne alles Feine schlichtend.
In jenen Zeiten wohnt der heitre Greis,
Und wie sie noch in alten Liedern leben,
So will er sie, wie eine Himmelstadt
In goldnen Wolken, auf die Erde setzen –
Gegründet hat er einen Liebeshof,
Wohin die edlen Ritter sollen wallen,
Wo keusche Frauen herrlich sollen thronen,
Wo reine Minne wiederkehren soll,
Und mich hat er erwählt zum Fürst der Liebe.
DUNOIS. Ich bin so sehr nicht aus der Art geschlagen,
Dass ich der Liebe Herrschaft sollte schmäh'n.
Ich nenne mich nach ihr, ich bin ihr Sohn,
Und all mein Erbe liegt in ihrem Reich.
Mein Vater war der Prinz von Orleans,
Ihm war kein weiblich Herz unüberwindlich,
Doch auch kein feindlich Schloss war ihm zu fest.
Willst du der Liebe Fürst dich würdig nennen,
So sei der Tapfern Tapferster! – Wie ich
Aus jenen alten Büchern mir gelesen,
War Liebe stets mit hoher Rittertat
Gepaart und Helden, hat man mich gelehrt,
Nicht Schäfer saßen an der Tafelrunde.
Wer nicht die Schönheit tapfer kann beschützen,

Verdient nicht ihren goldnen Preis. – Hier ist
Der Fechtplatz! Kämpf um deiner Väter Krone!
Verteidige mit ritterlichem Schwert
Dein Eigentum und edler Frauen Ehre –
Und hast du dir aus Strömen Feindesbluts
Die angestammte Krone kühn erobert,
Dann ist es Zeit und steht dir fürstlich an,
Dich mit der Liebe Myrten zu bekrönen.

KARL *(zu einem Edelknecht, der hereintritt).*
Was gibt's?

EDELKNECHT. Ratsherrn von Orleans fleh'n um Gehör.

KARL. Führ sie herein. *(Edelknecht geht ab.)*
Sie werden Hülfe fodern –
Was kann ich tun, der selber hülflos ist!

DRITTER AUFTRITT

Drei Ratsherren zu den Vorigen.

KARL. Willkommen, meine viel getreuen Bürger
Aus Orleans! Wie steht's um meine gute Stadt?
Fährt sie noch fort mit dem gewohnten Mut,
Dem Feind zu widerstehn, der sie belagert?

RATSHERR.
Ach Sire! Es drängt die höchste Not, und stündlich wachsend
Schwillt das Verderben an die Stadt heran.
Die äußern Werke sind zerstört, der Feind
Gewinnt mit jedem Sturme neuen Boden.
Entblößt sind von Verteidigern die Mauern,
Denn rastlos fechtend fällt die Mannschaft aus,
Doch wen'ge sehn die Heimatpforte wieder,
Und auch des Hungers Plage droht der Stadt.
Drum hat der edle Graf von Rochepierre,
Der drin befiehlt, in dieser höchsten Not
Vertragen mit dem Feind, nach altem Brauch,
Sich zu ergeben auf den zwölften Tag,
Wenn binnen dieser Zeit kein Heer im Feld
Erschien, zahlreich genug, die Stadt zu retten.
(Dunois macht eine heftige Bewegung des Zorns.)

KARL. Die Frist ist kurz.

RATSHERR. Und jetzo sind wir hier
Mit Feinds Geleit, dass wir dein fürstlich Herz

Anflehen, deiner Stadt dich zu erbarmen,
Und Hülf zu senden binnen dieser Frist,
Sonst übergibt er sie am zwölften Tage.
DUNOIS. Saintrailles konnte seine Stimme geben
Zu solchem schimpflichen Vertrag!
RATSHERR. Nein, Herr!
Solang der Tapfre lebte, durfte nie
Die Rede sein von Fried und Übergabe.
DUNOIS. So ist er tot!
RATSHERR. An unsern Mauern sank
Der edle Held für seines Königs Sache.
KARL. Saintrailles tot! O in dem einz'gen Mann
Sinkt mir ein Heer!
(Ein Ritter kommt und spricht einige Worte leise mit dem Bastard, welcher betroffen auffährt.)
DUNOIS. Auch das noch!
KARL. Nun! Was gibt's?
DUNOIS.
Graf Douglas sendet her. Die schott'schen Völker
Empören sich und drohen abzuziehn,
Wenn sie nicht heut den Rückstand noch erhalten.
KARL. Du Chatel!
DU CHATEL *(zuckt die Achseln).*
Sire! Ich weiß nicht Rat.
KARL. Versprich,
Verpfände was du hast, mein halbes Reich –
DU CHATEL.
Hilft nichts! Sie sind zu oft vertröstet worden!
KARL. Es sind die besten Truppen meines Heers!
Sie sollen mich jetzt nicht, nicht jetzt verlassen!
RATSHERR *(mit einem Fußfall).*
O König, hilf uns! Unsrer Not gedenke!
KARL *(verzweiflungsvoll).*
Kann ich Armeen aus der Erde stampfen?
Wächst mir ein Kornfeld in der flachen Hand?
Reißt mich in Stücken, reißt das Herz mir aus,
Und münzet es statt Goldes! Blut hab ich
Für euch, nicht Silber hab ich, noch Soldaten!
(Er sieht die Sorel hereintreten, und eilt ihr mit ausgebreiteten Armen entgegen.)

VIERTER AUFTRITT

Agnes Sorel, ein Kästchen in der Hand, zu den Vorigen.

KARL. O meine Agnes! Mein geliebtes Leben!
Du kommst, mich der Verzweiflung zu entreißen!
Ich habe dich, ich flieh an deine Brust,
Nichts ist verloren, denn du bist noch mein.
SOREL. Mein teurer König!
(Mit ängstlich fragendem Blick umherschauend.)
Dunois! Ist's wahr?
Du Chatel?
DU CHATEL. Leider!
SOREL. Ist die Not so groß?
Es fehlt am Sold? Die Truppen wollen abziehn?
DU CHATEL. Ja leider ist es so!
SOREL *(ihm das Kästchen aufdringend).*
Hier, hier ist Gold,
Hier sind Juwelen – Schmelzt mein Silber ein –
Verkauft, verpfändet meine Schlösser – Leihet
Auf meine Güter in Provence – Macht alles
Zu Gelde und befriediget die Truppen.
Fort! Keine Zeit verloren! *(Treibt ihn fort.)*
KARL. Nun, Dunois? Nun, Du Chatel! Bin ich euch
Noch arm, da ich die Krone aller Frauen
Besitze? – Sie ist edel wie ich selbst
Geboren, selbst das königliche Blut
Der Valois ist nicht reiner, zieren würde sie
Den ersten Thron der Welt – doch sie verschmäht ihn,
Nur meine Liebe will sie sein und heißen.
Erlaubte sie mir jemals ein Geschenk
Von höherm Wert, als eine frühe Blume
Im Winter oder seltne Frucht? Von mir
Nimmt sie kein Opfer an, und bringt mir alle!
Wagt ihren ganzen Reichtum und Besitz
Großmütig an mein untersinkend Glück.
DUNOIS. Ja sie ist eine Rasende wie du,
Und wirft ihr Alles in ein brennend Haus,
Und schöpft ins lecke Fass der Danaiden.
Dich wird sie nicht erretten, nur sich selbst
Wird sie mit dir verderben –
SOREL. Glaub ihm nicht.
Er hat sein Leben zehenmal für dich

Gewagt und zürnt, dass ich mein Gold jetzt wage.
Wie? Hab ich dir nicht alles froh geopfert,
Was mehr geachtet wird als Gold und Perlen,
Und sollte jetzt mein Glück für mich behalten?
Komm! Lass uns allen überflüss'gen Schmuck
Des Lebens von uns werfen! Lass mich dir
Ein edles Beispiel der Entsagung geben!
Verwandle deinen Hofstaat in Soldaten,
Dein Gold in Eisen, alles was du hast,
Wirf es entschlossen hin nach deiner Krone!
Komm! Komm! Wir teilen Mangel und Gefahr!
Das kriegerische Ross lass uns besteigen,
Den zarten Leib dem glühnden Pfeil der Sonne
Preisgeben, die Gewölke über uns
Zur Decke nehmen, und den Stein zum Pfühl.
Der raue Krieger wird sein eignes Weh
Geduldig tragen, sieht er seinen König
Dem Ärmsten gleich ausdauern und entbehren!
KARL *(lächelnd).*
Ja, nun erfüllt sich mir ein altes Wort
Der Weissagung, das eine Nonne mir
Zu Clermont im prophet'schen Geiste sprach.
Ein Weib, verhieß die Nonne, würde mich
Zum Sieger machen über alle Feinde,
Und meiner Väter Krone mir erkämpfen.
Fern sucht' ich sie im Feindeslager auf,
Das Herz der Mutter hofft' ich zu versöhnen,
Hier steht die Heldin, die nach Reims mich führt,
Durch meiner Agnes Liebe werd ich siegen!
SOREL. Du wirst's durch deiner Freunde tapfres Schwert.
KARL. Auch von der Feinde Zwietracht hoff ich viel –
Denn mir ist sichre Kunde zugekommen,
Dass zwischen diesen stolzen Lords von England
Und meinem Vetter von Burgund nicht alles mehr
So steht wie sonst – Drum hab ich den La Hire
Mit Botschaft an den Herzog abgefertigt,
Ob mir's gelänge, den erzürnten Pair
Zur alten Pflicht und Treu zurückzuführen –
Mit jeder Stunde wart ich seiner Ankunft.
DU CHATEL *(am Fenster).*
Der Ritter sprengt soeben in den Hof.
KARL. Willkommner Bote! Nun so werden wir
Bald wissen, ob wir weichen oder siegen.

FÜNFTER AUFTRITT

La Hire zu den Vorigen.

KARL *(geht ihm entgegen).*
La Hire! Bringst du uns Hoffnung oder keine?
Erklär dich kurz. Was hab ich zu erwarten?
LA HIRE. Erwarte nichts mehr als von deinem Schwert.
KARL. Der stolze Herzog lässt sich nicht versöhnen!
O sprich! Wie nahm er meine Botschaft auf?
LA HIRE. Vor allen Dingen und bevor er noch
Ein Ohr dir könne leihen, fodert er,
Dass ihm Du Chatel ausgeliefert werde,
Den er den Mörder seines Vaters nennt.
KARL. Und, weigern wir uns dieser Schmachbedingung?
LA HIRE.
Dann sei der Bund zertrennt, noch eh er anfing.
KARL. Hast du ihn drauf, wie ich dir anbefahl,
Zum Kampf mit mir gefordert auf der Brücke
Zu Montereau, allwo sein Vater fiel?
LA HIRE.
Ich warf ihm deinen Handschuh hin und sprach:
Du wolltest deiner Hoheit dich begeben,
Und als ein Ritter kämpfen um dein Reich.
Doch er versetzte: nimmer tät's ihm Not,
Um *das* zu fechten, was er schon besitze.
Doch wenn dich so nach Kämpfen lüstete,
So würdest du vor Orleans ihn finden,
Wohin er morgen willens sei zu gehn;
Und damit kehrt' er lachend mir den Rücken.
KARL. Erhob sich nicht in meinem Parlamente
Die reine Stimme der Gerechtigkeit?
LA HIRE. Sie ist verstummt vor der Parteien Wut.
Ein Schluss des Parlaments erklärte dich
Des Throns verlustig, dich und dein Geschlecht.
DUNOIS. Ha frecher Stolz des Herr gewordnen Bürgers!
KARL. Hast du bei meiner Mutter nichts versucht?
LA HIRE. Bei deiner Mutter!
KARL. Ja! Wie ließ sie sich vernehmen?
LA HIRE *(nachdem er einige Augenblicke sich bedacht).*
Es war gerad das Fest der Königskrönung,
Als ich zu Saint Denis eintrat. Geschmückt
Wie zum Triumphe waren die Pariser,

In jeder Gasse stiegen Ehrenbogen,
Durch die der engelländ'sche König zog.
Bestreut mit Blumen war der Weg und jauchzend,
Als hätte Frankreich seinen schönsten Sieg
Erfochten, sprang der Pöbel um den Wagen.
SOREL. Sie jauchzten – jauchzten, dass sie auf das Herz
Des liebevollen sanften Königs traten!
LA HIRE. Ich sah den jungen Harry Lancaster,
Den Knaben, auf dem königlichen Stuhl
Sankt Ludwigs sitzen, seine stolzen Öhme
Bedford und Gloster standen neben ihm,
Und Herzog Philipp kniet' am Throne nieder
Und leistete den Eid für seine Länder.
KARL. O ehrvergessner Pair! Unwürd'ger Vetter!
LA HIRE. Das Kind war bang und strauchelte, da es
Die hohen Stufen an dem Thron hinanstieg.
„Ein böses Omen!", murmelte das Volk,
Und es erhub sich schallendes Gelächter.
Da trat die alte Königin, deine Mutter,
Hinzu, und – mich entrüstet es zu sagen!
KARL. Nun?
LA HIRE. In die Arme fasste sie den Knaben
Und setzt' ihn selbst auf deines Vaters Stuhl.
KARL. O Mutter! Mutter!
LA HIRE. Selbst die wütenden
Burgundier, die mordgewohnten Banden,
Erglüheten vor Scham bei diesem Anblick,
Sie nahm es wahr und an das Volk gewendet
Rief sie mit lauter Stimm: „Dankt mir's, Franzosen,
Dass ich den kranken Stamm mit reinem Zweig
Veredle, euch bewahre vor dem miss-
Gebornen Sohn des hirnverrückten Vaters!"
(Der König verhüllt sich, Agnes eilt auf ihn zu und schließt ihn in ihre Arme, alle Umstehenden drücken ihren Abscheu, ihr Entsetzen aus.)
DUNOIS. Die Wölfin! die wutschnaubende Megäre!
KARL *(nach einer Pause zu den Ratsherren).*
Ihr habt gehört, wie hier die Sachen stehn.
Verweilt nicht länger, geht nach Orleans
Zurück, und meldet meiner treuen Stadt:
Des Eides gegen mich entlass ich sie.
Sie mag ihr Heil beherzigen und sich
Der Gnade des Burgundiers ergeben,

Er heißt der Gute, er wird menschlich sein.
DUNOIS. Wie Sire? Du wolltest Orleans verlassen!
RATSHERR *(kniet nieder).*
Mein königlicher Herr! Zieh deine Hand
Nicht von uns ab! Gib deine treue Stadt
Nicht unter Englands harte Herrschaft hin.
Sie ist ein edler Stein in deiner Krone,
Und keine hat den Königen, deinen Ahnherrn,
Die Treue heiliger bewahrt.
DUNOIS. Sind wir
Geschlagen? Ist's erlaubt, das Feld zu räumen,
Eh noch ein Schwertstreich um die Stadt geschehn?
Mit einem leichten Wörtlein, ehe Blut
Geflossen ist, denkst du die beste Stadt
Aus Frankreichs Herzen wegzugeben?
KARL. G'nug
Des Blutes ist geflossen und vergebens!
Des Himmels schwere Hand ist gegen mich,
Geschlagen wird mein Heer in allen Schlachten,
Mein Parlament verwirft mich, meine Hauptstadt,
Mein Volk nimmt meinen Gegner jauchzend auf,
Die mir die Nächsten sind am Blut, verlassen,
Verraten mich – die eigne Mutter nährt
Die fremde Feindesbrut an ihren Brüsten.
– Wir wollen jenseits der Loire uns ziehn,
Und der gewalt'gen Hand des Himmels weichen,
Der mit dem Engelländer ist.
SOREL. Das wolle Gott nicht, dass wir, an uns selbst
Verzweifelnd, diesem Reich den Rücken wenden!
Dies Wort kam nicht aus deiner tapfern Brust.
Der Mutter unnatürlich rohe Tat
Hat meines Königs Heldenherz gebrochen!
Du wirst dich wieder finden, männlich fassen,
Mit edelm Mut dem Schicksal widerstehen,
Das grimmig dir entgegenkämpft.
KARL *(in düstres Sinnen verloren).*
Ist es nicht wahr?
Ein finster furchtbares Verhängnis waltet
Durch Valois' Geschlecht, es ist verworfen
Von Gott, der Mutter Lastertaten führten
Die Furien herein in dieses Haus,
Mein Vater lag im Wahnsinn zwanzig Jahre,
Drei ältre Brüder hat der Tod vor mir

Hinweggemäht, es ist des Himmels Schluss,
Das Haus des sechsten Karls soll untergehn.
SOREL. In dir wird es sich neu verjüngt erheben!
Hab Glauben an dich selbst. – Oh! nicht umsonst
Hat dich ein gnädig Schicksal aufgespart
Von deinen Brüdern allen, dich den jüngsten
Gerufen auf den ungehofften Thron.
In deiner sanften Seele hat der Himmel
Den Arzt für alle Wunden sich bereitet,
Die der Parteien Wut dem Lande schlug.
Des Bürgerkrieges Flammen wirst du löschen,
Mir sagt's das Herz, den Frieden wirst du pflanzen,
Des Frankenreiches neuer Stifter sein.
KARL. Nicht ich. Die raue sturmbewegte Zeit
Heischt einen kraftbegabtern Steuermann.
Ich hätt ein friedlich Volk beglücken können,
Ein wild empörtes kann ich nicht bezähmen,
Nicht mir die Herzen öffnen mit dem Schwert,
Die sich entfremdet mir in Hass verschließen.
SOREL. Verblendet ist das Volk, ein Wahn betäubt es,
Doch dieser Taumel wird vorübergehn,
Erwachen wird, nicht fern mehr ist der Tag,
Die Liebe zu dem angestammten König,
Die tief gepflanzt ist in des Franken Brust,
Der alte Hass, die Eifersucht erwachen,
Die beide Völker ewig feindlich trennt;
Den stolzen Sieger stürzt sein eignes Glück.
Darum verlasse nicht mit Übereilung
Den Kampfplatz, ring um jeden Fußbreit Erde,
Wie deine eigne Brust verteidige
Dies Orleans! Lass alle Fähren lieber
Versenken, alle Brücken niederbrennen,
Die über diese Scheide deines Reichs,
Das styg'sche Wasser der Loire dich führen.
KARL. Was ich vermocht', hab ich getan. Ich habe
Mich dargestellt zum ritterlichen Kampf
Um meine Krone. – Man verweigert ihn.
Umsonst verschwend ich meines Volkes Leben,
Und meine Städte sinken in den Staub.
Soll ich gleich jener unnatürlichen Mutter
Mein Kind zerteilen lassen mit dem Schwert?
Nein, dass es lebe, will ich ihm entsagen.
DUNOIS. Wie Sire? Ist das die Sprache eines Königs?

Gibt man so eine Krone auf? Es setzt
Der Schlechtste deines Volkes Gut und Blut
An seine Meinung, seinen Hass und Liebe,
Partei wird alles, wenn das blut'ge Zeichen
Des Bürgerkrieges ausgehangen ist.
Der Ackersmann verlässt den Pflug, das Weib
Den Rocken, Kinder, Greise waffnen sich,
Der Bürger zündet seine Stadt, der Landmann
Mit eignen Händen seine Saaten an,
Um dir zu schaden oder wohl zu tun
Und seines Herzens Wollen zu behaupten.
Nichts schont er selber und erwartet sich
Nicht Schonung, wenn die Ehre ruft, wenn er
Für seine Götter oder Götzen kämpft.
Drum weg mit diesem weichlichen Mitleiden,
Das einer Königsbrust nicht ziemt. – Lass du
Den Krieg ausrasen, wie er angefangen,
Du hast ihn nicht leichtsinnig selbst entflammt.
Für seinen König muss das Volk sich opfern,
Das ist das Schicksal und Gesetz der Welt.
Der Franke weiß es nicht und will's nicht anders.
Nichtswürdig ist die Nation, die nicht
Ihr Alles freudig setzt an ihre Ehre.

KARL *(zu den Ratsherren).*
Erwartet keinen anderen Bescheid.
Gott schütz euch. Ich kann nicht mehr.

DUNOIS. Nun, so kehre
Der Siegesgott auf ewig dir den Rücken,
Wie du dem väterlichen Reich. Du hast
Dich selbst verlassen, so verlass ich dich.
Nicht Englands und Burgunds vereinte Macht,
Dich stürzt der eigne Kleinmut von dem Thron.
Die Könige Frankreichs sind geborne Helden,
Du aber bist unkriegerisch gezeugt.
(Zu den Ratsherren.)
Der König gibt euch auf. Ich aber will
In Orleans, meines Vaters Stadt, mich werfen,
Und unter ihren Trümmern mich begraben.
(Er will gehen. Agnes Sorel hält ihn auf.)

SOREL *(zum König).*
O lass ihn nicht im Zorne von dir gehn!
Sein Mund spricht raue Worte, doch sein Herz
Ist treu wie Gold, es ist derselbe doch,

Der warm dich liebt und oft für dich geblutet.
Kommt, Dunois! Gesteht, dass Euch die Hitze
Des edeln Zorns zu weit geführt – Du aber
Verzeih dem treuen Freund die heft'ge Rede!
O kommt, kommt! Lasst mich eure Herzen schnell
Vereinigen, eh sich der rasche Zorn
Unlöschbar, der verderbliche, entflammt!
(Dunois fixiert den König und scheint eine Antwort zu erwarten.)
KARL *(zu Du Chatel).*
Wir gehen über die Loire. Lass mein
Gerät zu Schiffe bringen.
DUNOIS *(schnell zu Sorel).*
Lebet wohl!
(Wendet sich schnell und geht, Ratsherren folgen.)
SOREL *(ringt verzweiflungsvoll die Hände).*
O wenn er geht, so sind wir ganz verlassen!
– Folgt ihm, La Hire. O sucht ihn zu begüt'gen.
(La Hire geht ab.)

SECHSTER AUFTRITT

Karl. Sorel. Du Chatel.

KARL. Ist denn die Krone ein so einzig Gut?
Ist es so bitter schwer, davon zu scheiden?
Ich kenne was noch schwerer sich erträgt.
Von diesen trotzig herrischen Gemütern
Sich meistern lassen, von der Gnade leben
Hochsinnig eigenwilliger Vasallen,
Das ist das Harte für ein edles Herz,
Und bittrer als dem Schicksal unterliegen!
(Zu Du Chatel, der noch zaudert.)
Tu was ich dir befohlen!
DU CHATEL *(wirft sich zu seinen Füßen).*
O mein König!
KARL. Es ist beschlossen. Keine Worte weiter!
DU CHATEL. Mach Frieden mit dem Herzog von Burgund,
Sonst seh ich keine Rettung mehr für dich.
KARL. Du rätst mir dieses, und dein Blut ist es,
Womit ich diesen Frieden soll versiegeln?
DU CHATEL. Hier ist mein Haupt. Ich hab es oft für dich
Gewagt in Schlachten und ich leg es jetzt

Für dich mit Freuden auf das Blutgerüste.
Befriedige den Herzog. Überliefre mich
Der ganzen Strenge seines Zorns und lass
Mein fließend Blut den alten Hass versöhnen!

KARL *(blickt ihn eine Zeit lang gerührt und schweigend an).*
Ist es denn wahr? Steht es so schlimm mit mir,
Dass meine Freunde, die mein Herz durchschauen,
Den Weg der Schande mir zur Rettung zeigen?
Ja, jetzt erkenn ich meinen tiefen Fall,
Denn das Vertraun ist hin auf meine Ehre.

DU CHATEL.
Bedenk –

KARL. Kein Wort mehr! Bringe mich nicht auf!
Müsst ich zehn Reiche mit dem Rücken schauen,
Ich rette mich nicht mit des Freundes Leben.
– Tu was ich dir befohlen. Geh und lass
Mein Heergerät einschiffen.

DU CHATEL. Es wird schnell
Getan sein.
(Steht auf und geht, Agnes Sorel weint heftig.)

SIEBENTER AUFTRITT

Karl und Agnes Sorel.

KARL *(ihre Hand fassend).*
Sei nicht traurig, meine Agnes.
Auch jenseits der Loire liegt noch ein Frankreich,
Wir gehen in ein glücklicheres Land.
Da lacht ein milder nie bewölkter Himmel
Und leichtre Lüfte wehn, und sanftre Sitten
Empfangen uns, da wohnen die Gesänge
Und schöner blüht das Leben und die Liebe.

SOREL. O muss ich diesen Tag des Jammers schauen!
Der König muss in die Verbannung gehn,
Der Sohn auswandern aus des Vaters Hause
Und seine Wiege mit dem Rücken schauen.
O angenehmes Land, das wir verlassen,
Nie werden wir dich freudig mehr betreten.

ACHTER AUFTRITT

La Hire kommt zurück. Karl und Sorel.

SOREL.
Ihr kommt allein. Ihr bringt ihn nicht zurück?
(Indem sie ihn näher ansieht)
La Hire! Was gibt's? Was sagt mir Euer Blick?
Ein neues Unglück ist geschehn!
LA HIRE. Das Unglück
Hat sich erschöpft und Sonnenschein ist wieder!
SOREL. Was ist's? Ich bitt Euch.
LA HIRE *(zum König).* Ruf die Abgesandten
Von Orleans zurück!
KARL. Warum? Was gibt's?
LA HIRE. Ruf sie zurück. Dein Glück hat sich gewendet,
Ein Treffen ist geschehn, du hast gesiegt.
SOREL. Gesiegt! O himmlische Musik des Wortes!
KARL. La Hire! Dich täuscht ein fabelhaft Gerücht.
Gesiegt! Ich glaub an keine Siege mehr.
LA HIRE. O du wirst bald noch größre Wunder glauben.
– Da kommt der Erzbischof. Er führt den Bastard
In deinen Arm zurück –
SOREL. O schöne Blume
Des Siegs, die gleich die edeln Himmelsfrüchte,
Fried und Versöhnung trägt!

NEUNTER AUFTRITT

Erzbischof von Reims. Dunois. Du Chatel mit Raoul, einem geharnischten Ritter, zu den Vorigen.

ERZBISCHOF *(führt den Bastard zu dem König und legt ihre Hände ineinander).* Umarmt euch, Prinzen!
Lasst allen Groll und Hader jetzo schwinden,
Da sich der Himmel selbst für uns erklärt.
(Dunois umarmt den König.)
KARL. Reißt mich aus meinem Zweifel und Erstaunen.
Was kündigt dieser feierliche Ernst mir an?
Was wirkte diesen schnellen Wechsel?
ERZBISCHOF *(führt den Ritter hervor und stellt ihn vor den König).*
Redet!

RAOUL. Wir hatten sechzehn Fähnlein aufgebracht,
Lothringisch Volk, zu deinem Heer zu stoßen,
Und Ritter Baudricour aus Vaucouleurs
War unser Führer. Als wir nun die Höhen
Bei Vermanton erreicht und in das Tal,
Das die Yonne durchströmt, herunterstiegen,
Da stand in weiter Ebene vor uns der Feind,
Und Waffen blitzten, da wir rückwärts sahn.
Umrungen sahn wir uns von beiden Heeren,
Nicht Hoffnung war zu siegen noch zu fliehn,
Da sank dem Tapfersten das Herz und alles,
Verzweiflungsvoll, will schon die Waffen strecken.
Als nun die Führer miteinander noch
Rat suchten und nicht fanden – sieh da stellte sich
Ein seltsam Wunder unsern Augen dar!
Denn aus der Tiefe des Gehölzes plötzlich
Trat eine Jungfrau, mit behelmtem Haupt
Wie eine Kriegesgöttin, schön zugleich
Und schrecklich anzusehn, um ihren Nacken
In dunkeln Ringen fiel das Haar, ein Glanz
Vom Himmel schien die Hohe zu umleuchten,
Als sie die Stimm erhub und also sprach:
„Was zagt ihr, tapfre Franken! Auf den Feind!
Und wären sein mehr denn des Sands im Meere,
Gott und die heil'ge Jungfrau führt euch an!"
Und schnell dem Fahnenträger aus der Hand
Riss sie die Fahn und vor dem Zuge her
Mit kühnem Anstand schritt die Mächtige.
Wir, stumm vor Staunen, selbst nicht wollend, folgen
Der hohen Fahn und ihrer Trägerin,
Und auf den Feind gerad an stürmen wir.
Der, hochbetroffen, steht bewegungslos
Mit weit geöffnet starrem Blick das Wunder
Anstaunend, das sich seinen Augen zeigt –
Doch schnell, als hätten Gottes Schrecken ihn
Ergriffen, wendet er sich um
Zur Flucht, und Wehr und Waffen von sich werfend
Entschart das ganze Heer sich im Gefilde,
Da hilft kein Machtwort, keines Führers Ruf,
Vor Schrecken sinnlos, ohne rückzuschaun,
Stürzt Mann und Ross sich in des Flusses Bette,
Und lässt sich würgen ohne Widerstand,
Ein Schlachten war's, nicht eine Schlacht zu nennen!

Zweitausend Feinde deckten das Gefild,
Die nicht gerechnet, die der Fluss verschlang,
Und von den Unsern ward kein Mann vermisst.
KARL. Seltsam bei Gott! höchst wunderbar und seltsam!
SOREL. Und eine Jungfrau wirkte dieses Wunder?
Wo kam sie her? Wer ist sie?
RAOUL. Wer sie sei,
Will sie allein dem König offenbaren.
Sie nennt sich eine Seherin und Gott-
Gesendete Prophetin, und verspricht
Orleans zu retten, eh der Mond noch wechselt.
Ihr glaubt das Volk und dürstet nach Gefechten.
Sie folgt dem Heer, gleich wird sie selbst hier sein.
(Man hört Glocken und ein Geklirr von Waffen, die aneinander geschlagen werden.)
Hört ihr den Auflauf? Das Geläut der Glocken?
Sie ist's, das Volk begrüßt die Gottgesandte.
KARL *(zu Du Chatel).*
Führt sie herein – *(Zum Erzbischof)*
Was soll ich davon denken!
Ein Mädchen bringt mir Sieg und eben jetzt,
Da nur ein Götterarm mich retten kann!
Das ist nicht in dem Laufe der Natur,
Und darf ich – Bischof, darf ich Wunder glauben?
VIELE STIMMEN *(hinter der Szene).*
Heil, Heil der Jungfrau, der Erretterin!
KARL. Sie kommt! *(Zu Dunois)*
Nehmt meinen Platz ein, Dunois!
Wir wollen dieses Wundermädchen prüfen,
Ist sie begeistert und von Gott gesandt,
Wird sie den König zu entdecken wissen.
(Dunois setzt sich, der König steht zu seiner Rechten, neben ihm Agnes Sorel, der Erzbischof mit den Übrigen gegenüber, dass der mittlere Raum leer bleibt.)

ZEHNTER AUFTRITT

Die Vorigen. Johanna, begleitet von den Ratsherren und vielen Rittern, welche den Hintergrund der Szene anfüllen; mit edelm Anstand tritt sie vorwärts, und schaut die Umstehenden der Reihe nach an.

DUNOIS *(nach einer tiefen feierlichen Stille).*
Bist du es, wunderbares Mädchen –
JOHANNA *(unterbricht ihn, mit Klarheit und Hoheit ihn anschauend).*
Bastard von Orleans! Du willst Gott versuchen!
Steh auf von diesem Platz, der dir nicht ziemt,
An diesen Größeren bin ich gesendet.
(Sie geht mit entschiedenem Schritt auf den König zu, beugt ein Knie vor ihm und steht sogleich wieder auf, zurücktretend. Alle Anwesenden drücken ihr Erstaunen aus. Dunois verlässt seinen Sitz und es wird Raum vor dem König.)
KARL. Du siehst mein Antlitz heut zum ersten Mal,
Von wannen kommt dir diese Wissenschaft?
JOHANNA. Ich sah dich, wo dich niemand sah als Gott.
(Sie nähert sich dem König und spricht geheimnisvoll.)
In jüngst verwichner Nacht, besinne dich!
Als alles um dich her in tiefem Schlaf
Begraben lag, da standst du auf von deinem Lager,
Und tatst ein brünstiges Gebet zu Gott.
Lass d i e hinausgehn und ich nenne dir
Den Inhalt des Gebets.
KARL. Was ich dem Himmel
Vertraut, brauch ich vor Menschen nicht zu bergen.
Entdecke mir den Inhalt meines Flehns,
So zweifl' ich nicht mehr, dass dich Gott begeistert.
JOHANNA. Es waren drei Gebete, die du tatst,
Gib wohl Acht, Dauphin, ob ich dir sie nenne!
Zum Ersten flehtest du den Himmel an,
Wenn unrecht Gut an dieser Krone hafte,
Wenn eine andre schwere Schuld, noch nicht
Gebüßt, von deiner Väter Zeiten her,
Diesen tränenvollen Krieg herbeigerufen,
Dich zum Opfer anzunehmen für dein Volk,
Und auszugießen auf dein einzig Haupt
Die ganze Schale seines Zorns.
KARL *(tritt mit Schrecken zurück).*

Wer bist du, mächtig Wesen? Woher kommst du?
(Alle zeigen ihr Erstaunen.)
JOHANNA. Du tatst dem Himmel diese zweite Bitte.
Wenn es sein hoher Schluss und Wille sei,
Das Zepter deinem Stamme zu entwinden,
Dir alles zu entziehn, was deine Väter,
Die Könige in diesem Reich besaßen,
Drei einz'ge Güter flehtest du ihn an
Dir zu bewahren, die zufriedne Brust,
Des Freundes Herz und deiner Agnes Liebe.
(König verbirgt das Gesicht heftig weinend, große Bewegung des Erstaunens unter den Anwesenden. Nach einer Pause.)
Soll ich dein dritt' Gebet dir nun noch nennen?
KARL. Genug! Ich glaube dir! So viel vermag
Kein Mensch! Dich hat der höchste Gott gesendet.
ERZBISCHOF. Wer bist du heilig wunderbares Mädchen?
Welch glücklich Land gebar dich? Sprich! Wer sind
Die gottgeliebten Eltern, die dich zeugten?
JOHANNA. Ehrwürd'ger Herr, Johanna nennt man mich,
Ich bin nur eines Hirten niedre Tochter
Aus meines Königs Flecken Dom Remi,
Der in dem Kirchensprengel liegt von Toul,
Und hütete die Schafe meines Vaters
Von Kind auf – Und ich hörte viel und oft
Erzählen von dem fremden Inselvolk,
Das über Meer gekommen, uns zu Knechten
Zu machen, und den fremdgebornen Herrn
Uns aufzuzwingen, der das Volk nicht liebt,
Und dass sie schon die große Stadt Paris
Inn' hätten und des Reiches sich ermächtigt.
Da rief ich flehend Gottes Mutter an,
Von uns zu wenden fremder Ketten Schmach,
Uns den einheim'schen König zu bewahren.
Und vor dem Dorf, wo ich geboren, steht
Ein uralt Muttergottesbild, zu dem
Der frommen Pilgerfahrten viel geschahn,
Und eine heil'ge Eiche steht darneben,
Durch vieler Wunder Segenskraft berühmt.
Und in der Eiche Schatten saß ich gern,
Die Herde weidend, denn mich zog das Herz.
Und ging ein Lamm mir in den wüsten Bergen
Verloren, immer zeigte mir's der Traum,
Wenn ich im Schatten dieser Eiche schlief.

– Und einsmals als ich eine lange Nacht
In frommer Andacht unter diesem Baum
Gesessen und dem Schlafe widerstand,
Da trat die Heilige zu mir, ein Schwert
Und Fahne tragend, aber sonst wie ich
Als Schäferin gekleidet, und sie sprach zu mir:
„Ich bin's. Steh auf, Johanna. Lass die Herde.
Dich ruft der Herr zu einem anderen Geschäft!
Nimm diese Fahne! Dieses Schwert umgürte dir!
Damit vertilge meines Volkes Feinde,
Und führe deines Herren Sohn nach Reims,
Und krön ihn mit der königlichen Krone!"
Ich aber sprach: „Wie kann ich solcher Tat
Mich unterwinden, eine zarte Magd,
Unkundig des verderblichen Gefechts!"
Und sie versetzte: „Eine reine Jungfrau
Vollbringt jedwedes Herrliche auf Erden,
Wenn sie der ird'schen Liebe widersteht.
Sieh mich an! Eine keusche Magd wie du
Hab ich den Herrn, den göttlichen, geboren,
Und göttlich bin ich selbst!" – Und sie berührte
Mein Augenlid, und als ich aufwärts sah,
Da war der Himmel voll von Engelknaben,
Die trugen weiße Lilien in der Hand,
Und süßer Ton verschwebte in den Lüften.
– Und so drei Nächte nacheinander ließ
Die Heilige sich sehn, und rief: „Steh auf, Johanna,
Dich ruft der Herr zu einem anderen Geschäft."
Und als sie in der dritten Nacht erschien,
Da zürnte sie und scheltend sprach sie dieses Wort:
„Gehorsam ist des Weibes Pflicht auf Erden,
Das harte Dulden ist ihr schweres Los,
Durch strengen Dienst muss sie geläutert werden,
Die hier gedienet, ist dort oben groß."
Und also sprechend ließ sie das Gewand
Der Hirtin fallen und als Königin
Der Himmel stand sie da im Glanz der Sonnen,
Und goldne Wolken trugen sie hinauf
Langsam verschwindend in das Land der Wonnen.

(Alle sind gerührt, Agnes Sorel heftig weinend verbirgt ihr Gesicht an des Königs Brust.)

ERZBISCHOF *(nach einem langen Stillschweigen).*
Vor solcher göttlicher Beglaubigung

Muss jeder Zweifel ird'scher Klugheit schweigen.
Die Tat bewährt es, dass sie Wahrheit spricht,
Nur Gott allein kann solche Wunder wirken.
DUNOIS. Nicht ihren Wundern, ihrem Auge glaub ich,
Der reinen Unschuld ihres Angesichts.
KARL. Und bin ich Sünd'ger solcher Gnade wert!
Untrüglich allerforschend Aug, du siehst
Mein Innerstes und kennest meine Demut!
JOHANNA. Der Hohen Demut leuchtet hell dort oben,
Du beugtest dich, drum hat er dich erhoben.
KARL. So werd ich meinen Feinden widerstehn?
JOHANNA. Bezwungen leg ich Frankreich dir zu Füßen!
KARL. Und Orleans sagst du, wird nicht übergehn?
JOHANNA. Eh' siehest du die Loire zurücke fließen.
KARL. Werd ich nach Reims als Überwinder ziehn?
JOHANNA. Durch tausend Feinde führ ich dich dahin.
(Alle anwesende Ritter erregen ein Getöse mit ihren Lanzen und Schilden, und geben Zeichen des Muts.)
DUNOIS. Stell uns die Jungfrau an des Heeres Spitze,
Wir folgen blind, wohin die Göttliche
Uns führt! Ihr Seherauge soll uns leiten,
Und schützen soll sie dieses tapfre Schwert!
LA HIRE. Nicht eine Welt in Waffen fürchten wir,
Wenn sie einher vor unsern Scharen zieht.
Der Gott des Sieges wandelt ihr zur Seite,
Sie führ uns an, die Mächtige, im Streite!
(Die Ritter erregen ein großes Waffengetös und treten vorwärts.)
KARL. Ja heilig Mädchen, führe du mein Heer,
Und seine Fürsten sollen dir gehorchen.
Dies Schwert der höchsten Kriegsgewalt, das uns
Der Kronfeldherr im Zorn zurückgesendet,
Hat eine würdigere Hand gefunden.
Empfange du es, heilige Prophetin,
Und sei fortan –
JOHANNA. Nicht also, edler Dauphin!
Nicht durch dies Werkzeug irdischer Gewalt
Ist meinem Herrn der Sieg verliehn. Ich weiß
Ein ander Schwert, durch das ich siegen werde.
Ich will es dir bezeichnen, wie's der Geist
Mich lehrte, sende hin und lass es holen.
KARL.
Nenn es, Johanna.
JOHANNA. Sende nach der alten Stadt

Fierboys, dort, auf Sankt Kathrinens Kirchhof
Ist ein Gewölb, wo vieles Eisen liegt,
Von alter Siegesbeute aufgehäuft.
Das Schwert ist drunter, das mir dienen soll.
An dreien goldnen Lilien ist's zu kennen,
Die auf der Klinge eingeschlagen sind,
Dies Schwert lass holen, denn durch dieses wirst du siegen.

KARL. Man sende hin und tue, wie sie sagt.

JOHANNA. Und eine weiße Fahne lass mich tragen,
Mit einem Saum von Purpur eingefasst.
Auf dieser Fahne sei die Himmelskönigin
Zu sehen mit dem schönen Jesusknaben,
Die über einer Erdenkugel schwebt,
Denn also zeigte mir's die heil'ge Mutter.

KARL. Es sei so, wie du sagst.

JOHANNA *(zum Erzbischof)*. Ehrwürd'ger Bischof,
Legt Eure priesterliche Hand auf mich,
Und sprecht den Segen über Eure Tochter! *(Kniet nieder.)*

ERZBISCHOF. Du bist gekommen, Segen auszuteilen,
Nicht zu empfangen – Geh mit Gottes Kraft!
Wir aber sind Unwürdige und Sünder!

(Sie steht auf.)

EDELKNECHT.
Ein Herold kommt vom engelländ'schen Feldherrn.

JOHANNA. Lass ihn eintreten, denn ihn sendet Gott!

(Der König winkt dem Edelknecht, der hinausgeht.)

ELFTER AUFTRITT

Der Herold zu den Vorigen.

KARL. Was bringst du, Herold? Sage deinen Auftrag.

HEROLD. Wer ist es, der für Karln von Valois,
Den Grafen von Ponthieu das Wort hier führt?

DUNOIS. Nichtswürd'ger Herold! Niederträcht'ger Bube!
Erfrechst du dich, den König der Franzosen
Auf seinem eignen Boden zu verleugnen?
Dich schützt dein Wappenrock, sonst solltest du –

HEROLD. Frankreich erkennt nur einen einz'gen König,
Und dieser lebt im engelländischen Lager.

KARL. Seid ruhig, Vetter! Deinen Auftrag, Herold!

HEROLD. Mein edler Feldherr, den des Blutes jammert,

Das schon geflossen und noch fließen soll,
Hält seiner Krieger Schwert noch in der Scheide,
Und ehe Orleans im Sturme fällt,
Lässt er noch gütlichen Vergleich dir bieten.
KARL. Lass hören!
JOHANNA *(tritt hervor).*
Sire! Lass mich an deiner statt
Mit diesem Herold reden.
KARL. Tu das, Mädchen!
Entscheide du, ob Krieg sei oder Friede.
JOHANNA *(zum Herold).*
Wer sendet dich und spricht durch deinen Mund?
HEROLD. Der Briten Feldherr, Graf von Salisbury.
JOHANNA.
Herold, du lügst! Der Lord spricht nicht durch dich.
Nur die Lebend'gen sprechen, nicht die Toten.
HEROLD. Mein Feldherr lebt in Fülle der Gesundheit
Und Kraft, und lebt euch allen zum Verderben.
JOHANNA. Er lebte, da du abgingst. Diesen Morgen
Streckt' ihn ein Schuss aus Orleans zu Boden,
Als er vom Turm La Tournelle niedersah.
– Du lachst, weil ich Entferntes dir verkünde?
Nicht meiner Rede, deinen Augen glaube!
Begegnen wird dir seiner Leiche Zug,
Wenn deine Füße dich zurücke tragen!
Jetzt, Herold, sprich und sage deinen Auftrag.
HEROLD. Wenn du Verborgnes zu enthüllen weißt,
So kennst du ihn, noch eh ich dir ihn sage.
JOHANNA. Ich brauch ihn nicht zu wissen, aber du
Vernimm den meinen jetzt! und diese Worte
Verkündige den Fürsten, die dich sandten!
– König von England, und ihr, Herzoge
Bedford und Gloster, die das Reich verwesen!
Gebt Rechenschaft dem Könige des Himmels
Von wegen des vergossnen Blutes! Gebt
Heraus die Schlüssel alle von den Städten,
Die ihr bezwungen wider göttlich Recht,
Die Jungfrau kommt vom Könige des Himmels,
Euch Frieden zu bieten oder blut'gen Krieg.
Wählt! Denn das sag ich euch, damit ihr's wisset,
Euch ist das schöne Frankreich nicht beschieden
Vom Sohne der Maria – sondern Karl
Mein Herr und Dauphin, dem es Gott gegeben,

Wird königlich einziehen zu Paris,
Von allen Großen seines Reichs begleitet.
– Jetzt Herold, geh und mach dich eilends fort,
Denn eh du noch das Lager magst erreichen,
Und Botschaft bringen, ist die Jungfrau dort,
Und pflanzt in Orleans das Siegeszeichen.

(Sie geht, alles setzt sich in Bewegung, der Vorhang fällt.)

ZWEITER AUFZUG

Gegend von Felsen begrenzt.

ERSTER AUFTRITT

Talbot und Lionel, englische Heerführer. Philipp, Herzog von Burgund. Ritter Fastolf und Chatillon mit Soldaten und Fahnen.

TALBOT. Hier unter diesen Felsen lasset uns
Halt machen und ein festes Lager schlagen,
Ob wir vielleicht die flücht'gen Völker wieder sammeln,
Die in dem ersten Schrecken sich zerstreut.
Stellt gute Wachen aus, besetzt die Höh'n!
Zwar sichert uns die Nacht vor der Verfolgung,
Und wenn der Gegner nicht auch Flügel hat,
So fürcht ich keinen Überfall. – Dennoch
Bedarf's der Vorsicht, denn wir haben es
Mit einem kecken Feind und sind geschlagen.
(Ritter Fastolf geht ab mit den Soldaten.)

LIONEL.
Geschlagen! Feldherr, nennt das Wort nicht mehr.
Ich darf es mir nicht denken, dass der Franke
Des Engelländers Rücken heut gesehn.
– O Orleans! Orleans! Grab unsers Ruhms!
Auf deinen Feldern liegt die Ehre Englands.
Beschimpfend lächerliche Niederlage!
Wer wird es glauben in der künft'gen Zeit!
Die Sieger bei Poitiers, Crequi
Und Azincourt gejagt von einem Weibe!

BURGUND.
Das muss uns trösten. Wir sind nicht von Menschen
Besiegt, wir sind vom Teufel überwunden.

TALBOT. Vom Teufel unsrer Narrheit – Wie, Burgund?
Schreckt dies Gespenst des Pöbels auch die Fürsten?
Der Aberglaube ist ein schlechter Mantel
Für Eure Feigheit – Eure Völker flohn zuerst.

BURGUND.
Niemand hielt stand. Das Fliehn war allgemein.

TALBOT. Nein, Herr! Auf Eurem Flügel fing es an.
Ihr stürztet Euch in unser Lager, schreiend:
„Die Höll ist los, der Satan kämpft für Frankreich!"

Und brachtet so die Unsern in Verwirrung.
LIONEL. Ihr könnt's nicht leugnen. Euer Flügel wich
Zuerst.
BURGUND. Weil dort der erste Angriff war.
TALBOT. Das Mädchen kannte unsers Lagers Blöße,
Sie wusste, wo die Furcht zu finden war.
BURGUND.
Wie? Soll Burgund die Schuld des Unglücks tragen?
LIONEL. Wir Engelländer, waren wir allein,
Bei Gott! Wir hätten Orleans nicht verloren!
BURGUND. Nein – denn ihr hättet Orleans nie gesehn!
Wer bahnte euch den Weg in dieses Reich,
Reicht' euch die treue Freundeshand, als ihr
An diese feindlich fremde Küste stieget?
Wer krönte euren Heinrich zu Paris,
Und unterwarf ihm der Franzosen Herzen?
Bei Gott! Wenn dieser starke Arm euch nicht
Hereingeführt, ihr sahet nie den Rauch
Von einem fränkischen Kamine steigen!
LIONEL. Wenn es die großen Worte täten, Herzog,
So hättet Ihr allein Frankreich erobert.
BURGUND. Ihr seid unlustig, weil euch Orleans
Entging, und lasst nun eures Zornes Galle
An mir, dem Bundsfreund, aus. Warum entging
Uns Orleans, als eurer Habsucht wegen?
Es war bereit, sich mir zu übergeben,
Ihr, euer Neid allein hat es verhindert.
TALBOT. Nicht Eurentwegen haben wir's belagert.
BURGUND.
Wie stünd's um euch, zög ich mein Heer zurück?
LIONEL. Nicht schlimmer, glaubt mir, als bei Azincourt,
Wo wir mit Euch und mit ganz Frankreich fertig wurden.
BURGUND.
Doch tat's euch sehr um unsre Freundschaft Not,
Und teuer kaufte sie der Reichsverweser.
TALBOT. Ja teuer, teuer haben wir sie heut
Vor Orleans bezahlt mit unsrer Ehre.
BURGUND.
Treibt es nicht weiter, Lord, es könnt Euch reuen!
Verließ ich meines Herrn gerechte Fahnen,
Lud auf mein Haupt den Namen des Verräters,
Um von dem Fremdling solches zu ertragen?
Was tu ich hier und fechte gegen Frankreich?

Wenn ich dem Undankbaren dienen soll,
So will ich's meinem angebornen König.
TALBOT. Ihr steht in Unterhandlung mit dem Dauphin,
Wir wissen's, doch wir werden Mittel finden,
Uns vor Verrat zu schützen!
BURGUND. Tod und Hölle!
Begegnet man mir so? – Chatillon!
Lass meine Völker sich zum Aufbruch rüsten,
Wir gehn in unser Land zurück.
(Chatillon geht ab.)
LIONEL. Glück auf den Weg!
Nie war der Ruhm des Briten glänzender,
Als da er seinem guten Schwert allein
Vertrauend ohne Helfershelfer focht.
Es kämpfe jeder seine Schlacht allein,
Denn ewig bleibt es wahr! Französisch Blut
Und englisch kann sich redlich nie vermischen.

ZWEITER AUFTRITT

Königin Isabeau von einem Pagen begleitet zu den Vorigen.

ISABEAU. Was muss ich hören, Feldherrn! Haltet ein!
Was für ein hirnverrückender Planet
Verwirrt euch also die gesunden Sinne?
Jetzt, da euch Eintracht nur erhalten kann,
Wollt ihr in Hass euch trennen und euch selbst
Befehdend euren Untergang bereiten?
– Ich bitt Euch, edler Herzog. Ruft den raschen
Befehl zurück. – Und Ihr, ruhmvoller Talbot,
Besänftiget den aufgebrachten Freund!
Kommt, Lionel, helft mir die stolzen Geister
Zufrieden sprechen und Versöhnung stiften.
LIONEL. Ich nicht, Mylady. Mir ist alles gleich.
Ich denke so: was nicht zusammen kann
Bestehen, tut am besten sich zu lösen.
ISABEAU. Wie? Wirkt der Hölle Gaukelkunst, die uns
Im Treffen so verderblich war, auch hier
Noch fort uns sinnverwirrend zu betören?
Wer fing den Zank an? Redet – Edler Lord!
(Zu Talbot)
Seid Ihr's, der seines Vorteils so vergaß,

Den werten Bundsgenossen zu verletzen?
Was wollt Ihr schaffen ohne diesen Arm?
Er baute Eurem König seinen Thron,
Er hält ihn noch und stürzt ihn, wenn er will,
Sein Heer verstärkt Euch und noch mehr sein Name.
Ganz England, strömt' es alle seine Bürger
Auf unsre Küsten aus, vermöchte nicht
Dies Reich zu zwingen, wenn es einig ist,
Nur Frankreich konnte Frankreich überwinden.

TALBOT. Wir wissen den getreuen Freund zu ehren.
Dem falschen wehren ist der Klugheit Pflicht.

BURGUND. Wer treulos sich des Dankes will entschlagen,
Dem fehlt des Lügners freche Stirne nicht.

ISABEAU. Wie, edler Herzog? Könntet Ihr so sehr
Der Scham absagen und der Fürstenehre,
In jene Hand, die Euren Vater mordete,
Die Eurige zu legen? Wärt Ihr rasend
Genug, an eine redliche Versöhnung
Zu glauben mit dem Dauphin, den Ihr selbst
An des Verderbens Rand geschleudert habt?
So nah dem Falle wolltet Ihr ihn halten,
Und Euer Werk wahnsinnig selbst zerstören?
Hier stehen Eure Freunde. Euer Heil
Ruht in dem festen Bunde nur mit England.

BURGUND.
Fern ist mein Sinn vom Frieden mit dem Dauphin,
Doch die Verachtung und den Übermut
Des stolzen Englands kann ich nicht ertragen.

ISABEAU. Kommt! Haltet ihm ein rasches Wort zugut.
Schwer ist der Kummer, der den Feldherrn drückt,
Und ungerecht, Ihr wisst es, macht das Unglück.
Kommt! Kommt! Umarmt euch, lasst mich diesen Riss
Schnell heilend schließen, eh er ewig wird.

TALBOT. Was dünket Euch, Burgund? Ein edles Herz
Bekennt sich gern von der Vernunft besiegt.
Die Königin hat ein kluges Wort geredet,
Lasst diesen Händedruck die Wunde heilen,
Die meine Zunge übereilend schlug.

BURGUND.
Madame sprach ein verständig Wort, und mein
Gerechter Zorn weicht der Notwendigkeit.

ISABEAU. Wohl! So besiegelt den erneuten Bund
Mit einem brüderlichen Kuss und mögen

Die Winde das Gesprochene verwehen.
(Burgund und Talbot umarmen sich.)
LIONEL *(betrachtet die Gruppe, für sich).*
Glück zu dem Frieden, den die Furie stiftet!
ISABEAU. Wir haben eine Schlacht verloren, Feldherrn,
Das Glück war uns zuwider, darum aber
Entsink euch nicht der edle Mut. Der Dauphin
Verzweifelt an des Himmels Schutz und ruft
Des Satans Kunst zu Hülfe, doch er habe
Umsonst sich der Verdammnis übergeben,
Und seine Hölle selbst errett ihn nicht.
Ein sieghaft Mädchen führt des Feindes Heer,
Ich will das eure führen, ich will euch
Statt einer Jungfrau und Prophetin sein.
LIONEL. Madame, geht nach Paris zurück. Wir wollen
Mit guten Waffen, nicht mit Weibern siegen.
TALBOT. Geht! Geht! Seit Ihr im Lager seid, geht alles
Zurück, kein Segen ist mehr in unsern Waffen.
BURGUND.
Geht! Eure Gegenwart schafft hier nichts Gutes,
Der Krieger nimmt ein Ärgernis an Euch.
ISABEAU *(sieht einen um den andern erstaunt an).*
Ihr auch, Burgund? Ihr nehmet wider mich
Partei mit diesen undankbaren Lords?
BURGUND. Geht! Der Soldat verliert den guten Mut,
Wenn er für Eure Sache glaubt zu fechten.
ISABEAU. Ich hab kaum Frieden zwischen euch gestiftet,
So macht ihr schon ein Bündnis wider mich?
TALBOT.
Geht, geht mit Gott, Madame. Wir fürchten uns
Vor keinem Teufel mehr, sobald Ihr weg seid.
ISABEAU. Bin ich nicht eure treue Bundsgenossin?
Ist eure Sache nicht die meinige?
TALBOT. Doch Eure nicht die unsrige. Wir sind
In einem ehrlich guten Streit begriffen.
BURGUND. Ich räche eines Vaters blut'gen Mord,
Die fromme Sohnspflicht heiligt meine Waffen.
TALBOT. Doch gradheraus! Was Ihr am Dauphin tut,
Ist weder menschlich gut, noch göttlich recht.
ISABEAU. Fluch soll ihn treffen bis ins zehnte Glied!
Er hat gefrevelt an dem Haupt der Mutter.
BURGUND. Er rächte einen Vater und Gemahl.
ISABEAU. Er warf sich auf zum Richter meiner Sitten!

LIONEL. Das war unehrerbietig von dem Sohn!
ISABEAU. In die Verbannung hat er mich geschickt.
TALBOT. Die öffentliche Stimme zu vollzieh'n.
ISABEAU. Fluch treffe mich, wenn ich ihm je vergebe!
  Und eh er herrscht in seines Vaters Reich –
TALBOT. Eh' opfert Ihr die Ehre seiner Mutter!
ISABEAU. Ihr wisst nicht, schwache Seelen,
  Was ein beleidigt' Mutterherz vermag.
  Ich liebe, wer mir Gutes tut, und hasse,
  Wer mich verletzt, und ist's der eigne Sohn,
  Den ich geboren, desto hassenswerter.
  Dem ich das Dasein gab, will ich es rauben,
  Wenn er mit ruchlos frechem Übermut
  Den eignen Schoß verletzt, der ihn getragen.
  Ihr die ihr Krieg führt gegen meinen Sohn,
  Ihr habt nicht Recht, noch Grund ihn zu berauben.
  Was hat der Dauphin Schweres gegen euch
  Verschuldet? Welche Pflichten brach er euch?
  Euch treibt die Ehrsucht, der gemeine Neid,
  Ich darf ihn hassen, ich hab ihn geboren.
TALBOT. Wohl, an der Rache fühlt er seine Mutter!
ISABEAU. Armsel'ge Gleisner, wie veracht ich euch,
  Die ihr euch selbst so wie die Welt belügt!
  Ihr Engelländer streckt die Räuberhände
  Nach diesem Frankreich aus, wo ihr nicht Recht
  Noch gült'gen Anspruch habt auf so viel Erde,
  Als eines Pferdes Huf bedeckt. – Und dieser Herzog,
  Der sich den Guten schelten lässt, verkauft
  Sein Vaterland, das Erbreich seiner Ahnen
  Dem Reichsfeind und dem fremden Herrn. – Gleichwohl
  Ist euch das dritte Wort Gerechtigkeit.
  – Die Heuchelei veracht ich. Wie ich bin,
  So sehe mich das Aug der Welt.
BURGUND. Wahr ist's!
  Den Ruhm habt Ihr mit starkem Geist behauptet.
ISABEAU. Ich habe Leidenschaften, warmes Blut
  Wie eine andre, und ich kam als Königin
  In dieses Land, zu leben, nicht zu scheinen.
  Sollt ich der Freud absterben, weil der Fluch
  Des Schicksals meine lebensfrohe Jugend
  Zu dem wahnsinn'gen Gatten hat gesellt?
  Mehr als das Leben lieb ich meine Freiheit,
  Und wer mich hier verwundet – Doch warum

Mit euch mich streiten über meine Rechte?
Schwer fließt das dicke Blut in euren Adern,
Ihr kennt nicht das Vergnügen, nur die Wut!
Und dieser Herzog, der sein Leben lang
Geschwankt hat zwischen Bös und Gut, kann nicht
Von Herzen hassen noch von Herzen lieben.
– Ich geh nach Melun. Gebt mir diesen da,
(auf Lionel zeigend)
Der mir gefällt, zur Kurzweil und Gesellschaft,
Und dann macht, was ihr wollt! Ich frage nichts
Nach den Burgundern noch den Engelländern.
(Sie winkt ihrem Pagen und will gehen.)

LIONEL.
Verlasst Euch drauf. Die schönsten Frankenknaben,
Die wir erbeuten, schicken wir nach Melun.

ISABEAU *(zurückkommend).*
Wohl taugt ihr, mit dem Schwerte dreinzuschlagen,
Der Franke nur weiß Zierliches zu sagen. *(Sie geht ab.)*

DRITTER AUFTRITT

Talbot. Burgund. Lionel.

TALBOT.
Was für ein Weib!

LIONEL. Nun eure Meinung, Feldherrn!
Fliehn wir noch weiter oder wenden uns
Zurück, durch einen schnellen kühnen Streich
Den Schimpf des heut'gen Tages auszulöschen?

BURGUND.
Wir sind zu schwach, die Völker sind zerstreut,
Zu neu ist noch der Schrecken in dem Heer.

TALBOT. Ein blinder Schrecken nur hat uns besiegt,
Der schnelle Eindruck eines Augenblicks.
Dies Furchtbild der erschreckten Einbildung
Wird, näher angesehn, in nichts verschwinden.
Drum ist mein Rat, wir führen die Armee
Mit Tagesanbruch über den Strom zurück,
Dem Feind entgegen.

BURGUND. Überlegt –

LIONEL. Mit Eurer
Erlaubnis. Hier ist nichts zu überlegen.

Wir müssen das Verlorne schleunig wieder
Gewinnen oder sind beschimpft auf ewig.

TALBOT. Es ist beschlossen. Morgen schlagen wir.
Und dies Phantom des Schreckens zu zerstören,
Das unsre Völker blendet und entmannt,
Lasst uns mit diesem jungfräulichen Teufel
Uns messen in persönlichem Gefecht.
Stellt sie sich unserm tapfern Schwert, nun dann,
So hat sie uns zum letzten Mal geschadet,
Stellt sie sich nicht, und seid gewiss, sie meidet
Den ernsten Kampf, so ist das Heer entzaubert.

LIONEL. So sei's! Und mir, mein Feldherr, überlasset
Dies leichte Kampfspiel, wo kein Blut soll fließen.
Denn lebend denk ich das Gespenst zu fangen,
Und vor des Bastards Augen, ihres Buhlen,
Trag ich auf diesen Armen sie herüber
Zur Lust des Heers, in das britann'sche Lager.

BURGUND. Versprechet nicht zu viel.

TALBOT. Erreich ich sie,
Ich denke sie so sanft nicht zu umarmen.
Kommt jetzo, die ermüdete Natur
Durch einen leichten Schlummer zu erquicken,
Und dann zum Aufbruch mit der Morgenröte.

(Sie gehen ab.)

VIERTER AUFTRITT

Johanna mit der Fahne, im Helm und Brustharnisch, sonst aber weiblich gekleidet, Dunois, La Hire, Ritter und Soldaten zeigen sich oben auf dem Felsenweg, ziehen still darüber hinweg, und erscheinen gleich darauf auf der Szene.

JOHANNA *(zu den Rittern, die sie umgeben, indem der Zug oben immer noch fortwährt).*
Erstiegen ist der Wall, wir sind im Lager!
Jetzt werft die Hülle der verschwiegnen Nacht
Von euch, die euren stillen Zug verhehlte,
Und macht dem Feinde eure Schreckensnähe
Durch lauten Schlachtruf kund – Gott und die Jungfrau!

ALLE *(rufen laut unter wildem Waffengetös).*
Gott und die Jungfrau!

(Trommeln und Trompeten)

SCHILDWACHE *(hinter der Szene).*
Feinde! Feinde! Feinde!
JOHANNA. Jetzt Fackeln her! Werft Feuer in die Zelte!
Der Flammen Wut vermehre das Entsetzen,
Und drohend rings umfange sie der Tod!
(Soldaten eilen fort, sie will folgen.)
DUNOIS *(hält sie zurück).*
Du hast das Deine nun erfüllt, Johanna!
Mitten ins Lager hast du uns geführt,
Den Feind hast du in unsre Hand gegeben.
Jetzt aber bleibe von dem Kampf zurück,
Uns überlass die blutige Entscheidung.
LA HIRE. Den Weg des Siegs bezeichne du dem Heer,
Die Fahne trag uns vor in reiner Hand,
Doch nimm das Schwert, das tödliche, nicht selbst,
Versuche nicht den falschen Gott der Schlachten,
Denn blind und ohne Schonung waltet er.
JOHANNA. Wer darf mir Halt gebieten? Wer dem Geist
Vorschreiben, der mich führt? Der Pfeil muss fliegen,
Wohin die Hand ihn seines Schützen treibt.
Wo die Gefahr ist, muss Johanna sein,
Nicht heut, nicht hier ist mir bestimmt zu fallen,
Die Krone muss ich sehn auf meines Königs Haupt,
Dies Leben wird kein Gegner mir entreißen,
Bis ich vollendet, was mir Gott geheißen. *(Sie geht ab.)*
LA HIRE. Kommt, Dunois! Lasst uns der Heldin folgen,
Und ihr die tapfre Brust zum Schilde leihn! *(Gehen ab.)*

FÜNFTER AUFTRITT

Englische Soldaten fliehen über die Bühne. Hierauf Talbot.

ERSTER. Das Mädchen! Mitten im Lager!
ZWEITER.
Nicht möglich! Nimmermehr! Wie kam sie in das Lager?
DRITTER. Durch die Luft! Der Teufel hilft ihr!
VIERTER und FÜNFTER.
Flieht! Flieht! Wir sind alle des Todes! *(Gehen ab.)*
TALBOT *(kommt).*
Sie hören nicht – Sie wollen mir nicht stehn!
Gelöst sind alle Bande des Gehorsams,

Als ob die Hölle ihre Legionen
Verdammter Geister ausgespieen, reißt
Ein Taumelwahn den Tapfern und den Feigen
Gehirnlos fort, nicht eine kleine Schar
Kann ich der Feinde Flut entgegenstellen,
Die wachsend, wogend in das Lager dringt!
– Bin ich der einzig Nüchterne und alles
Muss um mich her in Fiebers Hitze rasen?
Vor diesen fränk'schen Weichlingen zu fliehn,
Die wir in zwanzig Schlachten überwunden! –
Wer ist sie denn, die Unbezwingliche,
Die Schreckensgöttin, die der Schlachten Glück
Auf einmal wendet, und ein schüchtern Heer
Von feigen Rehn in Löwen umgewandelt?
Eine Gauklerin, die die gelernte Rolle
Der Heldin spielt, soll wahre Helden schrecken?
Ein Weib entriss mir allen Siegesruhm?

SOLDAT *(stürzt herein).*
Das Mädchen! Flieh! Flieh, Feldherr!

TALBOT *(stößt ihn nieder).* Flieh zur Hölle
Du selbst! Den soll dies Schwert durchbohren,
Der mir von Furcht spricht und von feiger Flucht!
(Er geht ab.)

SECHSTER AUFTRITT

Der Prospekt öffnet sich. Man sieht das englische Lager in vollen Flammen stehen. Trommeln, Flucht und Verfolgung. Nach einer Weile kommt Montgomery.

MONTGOMERY *(allein).*
Wo soll ich hinfliehn? Feinde ringsumher und Tod!
Hier der ergrimmte Feldherr, der mit drohndem Schwert
Die Flucht versperrend uns dem Tod entgegentreibt.
Dort die Fürchterliche, die verderblich um sich her
Wie die Brunst des Feuers raset – Und ringsum kein Busch,
Der mich verbärge, keiner Höhle sichrer Raum!
O wär ich nimmer über Meer hieher geschifft,
Ich Unglücksel'ger! Eitler Wahn betörte mich,
Wohlfeilen Ruhm zu suchen in dem Frankenkrieg,
Und jetzo führt mich das verderbliche Geschick
In diese blut'ge Mordschlacht. – Wär ich weit von hier

Daheim noch an der Savern' blühendem Gestad,
Im sichern Vaterhause, wo die Mutter mir
In Gram zurückblieb und die zarte süße Braut.
(Johanna zeigt sich in der Ferne.)
Weh mir! Was seh ich! Dort erscheint die Schreckliche!
Aus Brandes Flammen, düster leuchtend, hebt sie sich,
Wie aus der Hölle Rachen ein Gespenst der Nacht
Hervor. – Wohin entrinn ich! Schon ergreift sie mich
Mit ihren Feueraugen, wirft von fern
Der Blicke Schlingen nimmer fehlend nach mir aus.
Um meine Füße, fest und fester, wirret sich
Das Zauberknäul, dass sie gefesselt mir die Flucht
Versagen! Hinsehn muss ich, wie das Herz mir auch
Dagegen kämpfe, nach der tödlichen Gestalt!
*(Johanna tut einige Schritte ihm entgegen,
und bleibt wieder stehen.)*
Sie naht! Ich will nicht warten, bis die Grimmige
Zuerst mich anfällt. Bittend will ich ihre Knie
Umfassen, um mein Leben flehn, sie ist ein Weib,
Ob ich vielleicht durch Tränen sie erweichen kann!
(Indem er auf sie zugehen will, tritt sie ihm rasch entgegen.)

SIEBENTER AUFTRITT

Johanna. Montgomery.

JOHANNA.
Du bist des Todes! Eine brit'sche Mutter zeugte dich.
MONTGOMERY *(fällt ihr zu Füßen).*
Halt ein, Furchtbare! Nicht den Unverteidigten
Durchbohre. Weggeworfen hab ich Schwert und Schild,
Zu deinen Füßen sink ich wehrlos, flehend hin.
Lass mir das Licht des Lebens, nimm ein Lösegeld.
Reich an Besitztum wohnt der Vater mir daheim
Im schönen Lande Wallis, wo die schlängelnde
Savern' durch grüne Auen rollt den Silberstrom,
Und funfzig Dörfer kennen seine Herrschaft an.
Mit reichem Golde löst er den geliebten Sohn,
Wenn er mich im Frankenlager lebend noch vernimmt.
JOHANNA.
Betrogner Tor! Verlorner! In der Jungfrau Hand
Bist du gefallen, die verderbliche, woraus

Nicht Rettung noch Erlösung mehr zu hoffen ist.
Wenn dich das Unglück in des Krokodils Gewalt
Gegeben oder des gefleckten Tigers Klaun,
Wenn du der Löwenmutter junge Brut geraubt,
Du könntest Mitleid finden und Barmherzigkeit,
Doch tödlich ist's, der Jungfrau zu begegnen.
Denn dem Geisterreich, dem strengen, unverletzlichen,
Verpflichtet mich der furchtbar bindende Vertrag,
Mit dem Schwert zu töten alles Lebende, das mir
Der Schlachten Gott verhängnisvoll entgegenschickt.

MONTGOMERY.
Furchtbar ist deine Rede, doch dein Blick ist sanft,
Nicht schrecklich bist du in der Nähe anzuschaun,
Es zieht das Herz mich zu der lieblichen Gestalt.
O bei der Milde deines zärtlichen Geschlechts
Fleh ich dich an. Erbarme meiner Jugend dich!

JOHANNA.
Nicht mein Geschlecht beschwöre! Nenne mich nicht Weib.
Gleichwie die körperlosen Geister, die nicht frein
Auf ird'sche Weise, schließ ich mich an kein Geschlecht
Der Menschen an, und dieser Panzer deckt kein Herz.

MONTGOMERY.
O bei der Liebe heilig waltendem Gesetz,
Dem alle Herzen huldigen, beschwör ich dich.
Daheim gelassen hab ich eine holde Braut,
Schön wie du selbst bist, blühend in der Jugend Reiz.
Sie harret weinend des Geliebten Wiederkunft.
O wenn du selber je zu lieben hoffst, und hoffst
Beglückt zu sein durch Liebe! Trenne grausam nicht
Zwei Herzen, die der Liebe heilig Bündnis knüpft!

JOHANNA. Du rufest lauter irdisch fremde Götter an,
Die mir nicht heilig, noch verehrlich sind. Ich weiß
Nichts von der Liebe Bündnis, das du mir beschwörst,
Und nimmer kennen werd ich ihren eiteln Dienst.
Verteidige dein Leben, denn dir ruft der Tod.

MONTGOMERY.
O so erbarme meiner jammervollen Eltern dich,
Die ich zu Haus verlassen. Ja gewiss auch du
Verließest Eltern, die die Sorge quält um dich.

JOHANNA. Unglücklicher! Und du erinnerst mich daran,
Wie viele Mütter dieses Landes kinderlos,
Wie viele zarte Kinder vaterlos, wie viel
Verlobte Bräute Witwen worden sind durch euch!

Auch Englands Mütter mögen die Verzweiflung nun
Erfahren, und die Tränen kennen lernen,
Die Frankreichs jammervolle Gattinnen geweint.

MONTGOMERY.
O schwer ist's, in der Fremde sterben unbeweint.

JOHANNA.
Wer rief euch in das fremde Land, den blühnden Fleiß
Der Felder zu verwüsten, von dem heim'schen Herd
Uns zu verjagen und des Krieges Feuerbrand
Zu werfen in der Städte friedlich Heiligtum?
Ihr träumtet schon in eures Herzens eitelm Wahn,
Den frei gebornen Franken in der Knechtschaft Schmach
Zu stürzen und dies große Land, gleichwie ein Boot,
An euer stolzes Meerschiff zu befestigen!
Ihr Toren! Frankreichs königliches Wappen hängt
Am Throne Gottes, eher riss't ihr einen Stern
Vom Himmelswagen, als ein Dorf aus diesem Reich,
Dem unzertrennlich ewig einigen! – Der Tag
Der Rache ist gekommen, nicht lebendig mehr
Zurücke messen werdet ihr das heil'ge Meer,
Das Gott zur Länderscheide zwischen euch und uns
Gesetzt, und das ihr frevelnd überschritten habt.

MONTGOMERY *(lässt ihre Hand los).*
O ich muss sterben! Grausend fasst mich schon der Tod.

JOHANNA.
Stirb, Freund! Warum so zaghaft zittern vor dem Tod,
Dem unentfliehbaren Geschick? – Sieh mich an! Sieh!
Ich bin nur eine Jungfrau, eine Schäferin
Geboren, nicht des Schwerts gewohnt ist diese Hand,
Die den unschuldig frommen Hirtenstab geführt.
Doch weggerissen von der heimatlichen Flur,
Vom Vaters Busen, von der Schwestern lieber Brust
Muss ich hier, ich muss – mich treibt die Götterstimme, nicht
Eignes Gelüsten – euch zu bitterm Harm, mir nicht
Zur Freude, ein Gespenst des Schreckens würgend gehn,
Den Tod verbreiten und sein Opfer sein zuletzt!
Denn nicht den Tag der frohen Heimkehr werd ich sehn,
Noch vielen von den Euren werd ich tödlich sein,
Noch viele Witwen machen, aber endlich werd
Ich selbst umkommen und erfüllen mein Geschick.
– Erfülle du auch deines. Greife frisch zum Schwert,
Und um des Lebens süße Beute kämpfen wir.

MONTGOMERY *(steht auf).*
Nun, wenn du sterblich bist wie ich und Waffen dich
Verwunden, kann's auch meinem Arm beschieden sein,
Zur Höll dich sendend Englands Not zu endigen.
In Gottes gnäd'ge Hände leg ich mein Geschick.
Ruf du Verdammte deine Höllengeister an,
Dir beizustehen! Wehre deines Lebens dich!
(Er ergreift Schild und Schwert und dringt auf sie ein, kriegerische Musik erschallt in der Ferne, nach einem kurzen Gefechte fällt Montgomery.)

ACHTER AUFTRITT

Johanna allein.

Dich trug dein Fuß zum Tode – Fahre hin!
(Sie tritt von ihm weg und bleibt gedankenvoll stehen.)
Erhabne Jungfrau, du wirkst Mächtiges in mir!
Du rüstest den unkriegerischen Arm mit Kraft,
Dies Herz mit Unerbittlichkeit bewaffnest du.
In Mitleid schmilzt die Seele und die Hand erbebt,
Als bräche sie in eines Tempels heil'gen Bau,
Den blühenden Leib des Gegners zu verletzen,
Schon vor des Eisens blanker Schneide schaudert mir,
Doch wenn es Not tut, alsbald ist die Kraft mir da,
Und nimmer irrend in der zitternden Hand regiert
Das Schwert sich selbst, als wär es ein lebend'ger Geist.

NEUNTER AUFTRITT

Ein Ritter mit geschlossnem Visier. Johanna.

RITTER. Verfluchte! Deine Stunde ist gekommen,
Dich sucht' ich auf dem ganzen Feld der Schlacht.
Verderblich Blendwerk! Fahre zu der Hölle
Zurück, aus der du aufgestiegen bist.
JOHANNA. Wer bist du, den sein böser Engel mir
Entgegenschickt? Gleich eines Fürsten ist
Dein Anstand, auch kein Brite scheinst du mir,
Denn dich bezeichnet die burgund'sche Binde,
Vor der sich meines Schwertes Spitze neigt.

RITTER. Verworfne, du verdientest nicht zu fallen
Von eines Fürsten edler Hand. Das Beil
Des Henkers sollte dein verdammtes Haupt
Vom Rumpfe trennen, nicht der tapfre Degen
Des königlichen Herzogs von Burgund.
JOHANNA. So bist du dieser edle Herzog selbst?
RITTER *(schlägt das Visier auf).*
Ich bin's. Elende, zittre und verzweifle!
Die Satanskünste schützen dich nicht mehr,
Du hast bis jetzt nur Schwächlinge bezwungen,
Ein Mann steht vor dir.

ZEHNTER AUFTRITT

Dunois und La Hire zu den Vorigen.

DUNOIS. Wende dich, Burgund!
Mit Männern kämpfe, nicht mit Jungfrauen.
LA HIRE. Wir schützen der Prophetin heilig Haupt,
Erst muss dein Degen diese Brust durchbohren –
BURGUND. Nicht diese buhlerische Circe fürcht ich,
Noch euch, die sie so schimpflich hat verwandelt.
Erröte, Bastard, Schande dir, La Hire,
Dass du die alte Tapferkeit zu Künsten
Der Höll erniedrigst, den verächtlichen
Schildknappen einer Teufelsdirne machst.
Kommt her! Euch allen biet ich's! Der verzweifelt
An Gottes Schutz, der zu dem Teufel flieht.
(Sie bereiten sich zum Kampf, Johanna tritt dazwischen.)
JOHANNA. Haltet inne!
BURGUND. Zitterst du für deinen Buhlen?
Vor deinen Augen soll er – *(Dringt auf Dunois ein.)*
JOHANNA. Haltet inne!
Trennt sie, La Hire – Kein französisch Blut soll fließen!
Nicht Schwerter sollen diesen Streit entscheiden.
Ein andres ist beschlossen in den Sternen –
Auseinander, sag ich – Höret und verehrt
Den Geist, der mich ergreift, der aus mir redet!
DUNOIS. Was hältst du meinen aufgehobnen Arm
Und hemmst des Schwertes blutige Entscheidung?
Das Eisen ist gezückt, es fällt der Streich,
Der Frankreich rächen und versöhnen soll.

JOHANNA *(stellt sich in die Mitte und trennt beide Teile durch einen weiten Zwischenraum, zum Bastard).*
Tritt auf die Seite!
(Zu La Hire)
Bleib gefesselt stehen!
Ich habe mit dem Herzoge zu reden.
(Nachdem alles ruhig ist.)
Was willst du tun, Burgund? Wer ist der Feind,
Den deine Blicke mordbegierig suchen?
Dieser edle Prinz ist Frankreichs Sohn wie du,
Dieser Tapfre ist dein Waffenfreund und Landsmann,
Ich selbst bin deines Vaterlandes Tochter.
Wir alle, die du zu vertilgen strebst,
Gehören zu den Deinen – unsre Arme
Sind aufgetan dich zu empfangen, unsre Knie
Bereit dich zu verehren – unser Schwert
Hat keine Spitze gegen dich. Ehrwürdig
Ist uns das Antlitz, selbst im Feindeshelm,
Das unsers Königs teure Züge trägt.
BURGUND. Mit süßer Rede schmeichlerischem Ton
Willst du Sirene! deine Opfer locken.
Arglist'ge, mich betörst du nicht. Verwahrt
Ist mir das Ohr vor deiner Rede Schlingen
Und deines Auges Feuerpfeile gleiten
Am guten Harnisch meines Busens ab.
Zu den Waffen, Dunois!
Mit Streichen nicht mit Worten lass uns fechten.
DUNOIS. Erst Worte und dann Streiche. Fürchtest du
Vor Worten dich? Auch das ist Feigheit
Und der Verräter einer bösen Sache.
JOHANNA. Uns treibt nicht die gebieterische Not
Zu deinen Füßen, nicht als Flehende
Erscheinen wir vor dir. – Blick um dich her!
In Asche liegt das engelländ'sche Lager,
Und eure Toten decken das Gefild.
Du hörst der Franken Kriegstrommete tönen,
Gott hat entschieden, unser ist der Sieg.
Des schönen Lorbeers frisch gebrochnen Zweig
Sind wir bereit, mit unserm Freund zu teilen.
– O komm herüber! Edler Flüchtling komm!
Herüber, wo das Recht ist und der Sieg.
Ich selbst, die Gottgesandte, reiche dir
Die schwesterliche Hand. Ich will dich rettend

Herüberziehn auf unsre reine Seite! –
Der Himmel ist für Frankreich. Seine Engel,
Du siehst sie nicht, sie fechten für den König,
Sie alle sind mit Lilien geschmückt,
Lichtweiß wie diese Fahn ist unsre Sache,
Die reine Jungfrau ist ihr keusches Sinnbild.

BURGUND. Verstrickend ist der Lüge trüglich Wort,
Doch ihre Rede ist wie eines Kindes.
Wenn böse Geister ihr die Worte leihn,
So ahmen sie die Unschuld siegreich nach.
Ich will nicht weiter hören. Zu den Waffen!
Mein Ohr, ich fühl's, ist schwächer als mein Arm.

JOHANNA.
Du nennst mich eine Zauberin, gibst mir Künste
Der Hölle schuld – Ist Frieden stiften, Hass
Versöhnen ein Geschäft der Hölle? Kommt
Die Eintracht aus dem ew'gen Pfuhl hervor?
Was ist unschuldig, heilig, menschlich gut,
Wenn es der Kampf nicht ist ums Vaterland?
Seit wann ist die Natur so mit sich selbst
Im Streite, dass der Himmel die gerechte Sache
Verlässt, und dass die Teufel sie beschützen?
Ist aber das, was ich dir sage, gut,
Wo anders als von oben konnt ich's schöpfen?
Wer hätte sich auf meiner Schäfertrift
Zu mir gesellt, das kind'sche Hirtenmädchen
In königlichen Dingen einzuweih'n?
Ich bin vor hohen Fürsten nie gestanden,
Die Kunst der Rede ist dem Munde fremd.
Doch jetzt, da ich's bedarf dich zu bewegen,
Besitz ich Einsicht, hoher Dinge Kunde,
Der Länder und der Könige Geschick
Liegt sonnenhell vor meinem Kindesblick,
Und einen Donnerkeil führ ich im Munde.

BURGUND *(lebhaft bewegt, schlägt die Augen zu ihr auf und betrachtet sie mit Erstaunen und Rührung).*
Wie wird mir? Wie geschieht mir? Ist's ein Gott,
Der mir das Herz im tiefsten Busen wendet!
– Sie trügt nicht, diese rührende Gestalt!
Nein! Nein! Bin ich durch Z a u b e r s Macht geblendet,
So ist's durch eine himmlische Gewalt,
Mir sagt's das Herz, sie ist von Gott gesendet.

JOHANNA. Er ist gerührt, er ist's! Ich habe nicht

Umsonst gefleht, des Zornes Donnerwolke schmilzt
Von seiner Stirne tränentauend hin,
Und aus den Augen, Friede strahlend, bricht
Die goldne Sonne des Gefühls hervor.
– Weg mit den Waffen – drücket Herz an Herz –
Er weint, er ist bezwungen, er ist unser!

(Schwert und Fahne entsinken ihr, sie eilt auf ihn zu mit ausgebreiteten Armen und umschlingt ihn mit leidenschaftlichem Ungestüm. La Hire und Dunois lassen die Schwerter fallen und eilen ihn zu umarmen.)

DRITTER AUFZUG

Hoflager des Königs zu Chalons an der Marne.

ERSTER AUFTRITT

Dunois und La Hire.

DUNOIS. Wir waren Herzensfreunde, Waffenbrüder,
Für eine Sache hoben wir den Arm
Und hielten fest in Not und Tod zusammen.
Lasst Weiberliebe nicht das Band zertrennen,
Das jeden Schicksalswechsel ausgehalten.
LA HIRE
Prinz, hört mich an!
DUNOIS. Ihr liebt das wunderbare Mädchen,
Und mir ist wohl bekannt, worauf Ihr sinnt.
Zum König denkt Ihr stehnden Fußes jetzt
Zu gehen, und die Jungfrau zum Geschenk
Euch zu erbitten – Eurer Tapferkeit
Kann er den wohlverdienten Preis nicht weigern.
Doch wisst – eh ich in eines andern Arm
Sie sehe –
LA HIRE. Hört mich, Prinz!
DUNOIS. Es zieht mich nicht
Der Augen flüchtig schnelle Lust zu ihr.
Den unbezwungnen Sinn hat nie ein Weib
Gerührt, bis ich die Wunderbare sah,
Die eines Gottes Schickung diesem Reich
Zur Retterin bestimmt und mir zum Weibe,
Und in dem Augenblick gelobt' ich mir
Mit heil'gem Schwur als Braut sie heimzuführen.
Denn nur die Starke kann die Freundin sein
Des starken Mannes, und dies glühnde Herz
Sehnt sich an einer gleichen Brust zu ruhn,
Die seine Kraft kann fassen und ertragen.
LA HIRE.
Wie könnt ich's wagen, Prinz, mein schwach Verdienst
Mit Eures Namens Heldenruhm zu messen!
Wo sich Graf Dunois in die Schranken stellt,
Muss jeder andre Mitbewerber weichen.
Doch eine niedre Schäferin kann nicht
Als Gattin würdig Euch zur Seite stehn,

Das königliche Blut, das Eure Adern
Durchrinnt, verschmäht so niedrige Vermischung.
DUNOIS. Sie ist das Götterkind der heiligen
Natur wie ich, und ist mir ebenbürtig.
Sie sollte eines Fürsten Hand entehren,
Die eine Braut der reinen Engel ist,
Die sich das Haupt mit einem Götterschein
Umgibt, der heller strahlt als ird'sche Kronen,
Die jedes Größte, Höchste dieser Erden
Klein unter ihren Füßen liegen sieht;
Denn alle Fürstenthronen aufeinander
Gestellt, bis zu den Sternen fortgebaut,
Erreichten nicht die Höhe, wo s i e steht,
In ihrer Engelsmajestät!
LA HIRE. Der König mag entscheiden.
DUNOIS. Nein sie selbst
Entscheide! Sie hat Frankreich frei gemacht
Und selber frei muss sie ihr Herz verschenken.
LA HIRE. Da kommt der König!

ZWEITER AUFTRITT

Karl. Agnes Sorel. Du Chatel, der Erzbischof und Chatillon zu den Vorigen.

KARL *(zu Chatillon).*
Er kommt! Er will als seinen König mich
Erkennen, sagt Ihr, und mir huldigen?
CHATILLON. Hier Sire, in deiner königlichen Stadt
Chalons will sich der Herzog, mein Gebieter,
Zu deinen Füßen werfen. – Mir befahl er,
Als meinen Herrn und König dich zu grüßen,
Er folgt mir auf dem Fuß, gleich naht er selbst.
SOREL. Er kommt! O schöne Sonne dieses Tags,
Der Freude bringt und Frieden und Versöhnung!
CHATILLON.
Mein Herr wird kommen mit zweihundert Rittern,
Er wird zu deinen Füßen niederknien,
Doch er erwartet, dass du es n i c h t duldest,
Als deinen Vetter freundlich ihn umarmest.
KARL. Mein Herz glüht, an dem seinigen zu schlagen.
CHATILLON. Der Herzog bittet, dass des alten Streits

Beim ersten Wiedersehn mit keinem Worte
Meldung gescheh!
KARL. Versenkt im Lethe sei
Auf ewig das Vergangene. Wir wollen
Nur in der Zukunft heitre Tage sehn.
CHATILLON. Die für Burgund gefochten, alle sollen
In die Versöhnung aufgenommen sein.
KARL. Ich werde so mein Königreich verdoppeln!
CHATILLON. Die Königin Isabeau soll in dem Frieden
Mit eingeschlossen sein, wenn sie ihn annimmt.
KARL. Sie führet Krieg mit mir, nicht ich mit ihr.
Unser Streit ist aus, sobald sie selbst ihn endigt.
CHATILLON. Zwölf Ritter sollen bürgen für dein Wort.
KARL. Mein Wort ist heilig.
CHATILLON. Und der Erzbischof
Soll eine Hostie teilen zwischen dir und ihm,
Zum Pfand und Siegel redlicher Versöhnung.
KARL. So sei mein Anteil an dem ew'gen Heil,
Als Herz und Handschlag bei mir einig sind.
Welch andres Pfand verlangt der Herzog noch?
CHATILLON *(mit einem Blick auf Du Chatel).*
Hier seh ich einen, dessen Gegenwart
Den ersten Gruß vergiften könnte.
(Du Chatel geht schweigend.)
KARL. Geh,
Du Chatel! Bis der Herzog deinen Anblick
Ertragen kann, magst du verborgen bleiben!
(Er folgt ihm mit den Augen, dann eilt er ihm nach und umarmt ihn.)
Rechtschaffner Freund! Du wolltest mehr als dies
Für meine Ruhe tun! *(Du Chatel geht ab.)*
CHATILLON. Die andern Punkte nennt dies Instrument.
KARL *(zum Erzbischof).*
Bringt es in Ordnung. Wir genehm'gen alles,
Für einen Freund ist uns kein Preis zu hoch.
Geht, Dunois! Nehmt hundert edle Ritter
Mit Euch und holt den Herzog freundlich ein.
Die Truppen alle sollen sich mit Zweigen
Bekränzen, ihre Brüder zu empfangen.
Zum Feste schmücke sich die ganze Stadt,
Und alle Glocken sollen es verkünden,
Dass Frankreich und Burgund sich neu verbünden.
(Ein Edelknecht kommt. Man hört Trompeten.)

Horch! Was bedeutet der Trompeten Ruf?
EDELKNECHT.
Der Herzog von Burgund hält seinen Einzug.
(Geht ab.)
DUNOIS *(geht mit La Hire und Chatillon).*
Auf! Ihm entgegen!
KARL *(zu Sorel).*
Agnes, du weinst? Beinah gebricht auch mir
Die Stärke, diesen Auftritt zu ertragen.
Wie viele Todesopfer mussten fallen,
Bis wir uns friedlich wieder sehn.
Doch endlich legt sich jedes Sturmes Wut,
Tag wird es auf die dickste Nacht, und kommt
Die Zeit, so reifen auch die spät'sten Früchte!
ERZBISCHOF *(am Fenster).*
Der Herzog kann sich des Gedränges kaum
Erledigen. Sie heben ihn vom Pferd,
Sie küssen seinen Mantel, seine Sporen.
KARL. Es ist ein gutes Volk, in seiner Liebe
Raschlodernd wie in seinem Zorn. – Wie schnell
Vergessen ist's, dass eben dieser Herzog
Die Väter ihnen und die Söhne schlug,
Der Augenblick verschlingt ein ganzes Leben!
– Fass dich, Sorel! Auch deine heft'ge Freude
Möcht ihm ein Stachel in die Seele sein,
Nichts soll ihn hier beschämen, noch betrüben.

DRITTER AUFTRITT

Die Vorigen. Herzog von Burgund. Dunois. La Hire. Chatillon und noch zwei andere Ritter von des Herzogs Gefolge. Der Herzog bleibt am Eingang stehen, der König bewegt sich gegen ihn, sogleich nähert sich Burgund und in dem Augenblick, wo er sich auf ein Knie will niederlassen, empfängt ihn der König in seinen Armen.

KARL. Ihr habt uns überrascht – Euch einzuholen
Gedachten wir – Doch Ihr habt schnelle Pferde.
BURGUND.
Sie trugen mich zu meiner Pflicht.
(Er umarmt die Sorel und küsst sie auf die Stirne.)
Mit Eurer

Erlaubnis, Base. Das ist unser Herrenrecht
Zu Arras und kein schönes Weib darf sich
Der Sitte weigern.
KARL. Eure Hofstatt ist
Der Sitz der Minne, sagt man, und der Markt,
Wo alles Schöne muss den Stapel halten.
BURGUND.
Wir sind ein Handel treibend Volk, mein König.
Was köstlich wächst in allen Himmelstrichen,
Wird ausgestellt zur Schau und zum Genuss
Auf unserm Markt zu Brügg', das höchste aber
Von allen Gütern ist der Frauen Schönheit.
SOREL. Der Frauen Treue gilt noch höhern Preis,
Doch auf dem Markte wird sie nicht gesehn.
KARL. Ihr steht in bösem Ruf und Leumund, Vetter,
Dass Ihr der Frauen schönste Tugend schmäht.
BURGUND.
Die Ketzerei straft sich am schwersten selbst.
Wohl Euch, mein König! Früh hat Euch das Herz,
Was mich ein wildes Leben spät, gelehrt!
(Er bemerkt den Erzbischof und reicht ihm die Hand.)
Ehrwürdiger Mann Gottes! Euren Segen!
Euch trifft man immer auf dem rechten Platz,
Wer Euch will finden, muss im Guten wandeln.
ERZBISCHOF.
Mein Meister rufe, wenn er will, dies Herz
Ist freudensatt und ich kann fröhlich scheiden,
Da meine Augen diesen Tag gesehn!
BURGUND *(zur Sorel).*
Man spricht, Ihr habt Euch Eurer edeln Steine
Beraubt, um Waffen gegen mich daraus
Zu schmieden? Wie? Seid Ihr so kriegerisch
Gesinnt? War's Euch so ernst mich zu verderben?
Doch unser Streit ist nun vorbei, es findet
Sich alles wieder, was verloren war,
Auch Euer Schmuck hat sich zurückgefunden,
Zum Kriege wider mich war er bestimmt,
Nehmt ihn aus meiner Hand zum Friedenszeichen.
(Er empfängt von einem seiner Begleiter das Schmuckkästchen und überreicht es ihr geöffnet. Agnes Sorel sieht den König betroffen an.)
KARL.
Nimm das Geschenk, es ist ein zwiefach teures Pfand

Der schönen Liebe mir und der Versöhnung.

BURGUND *(indem er eine brillantne Rose in ihre Haare steckt).*
Warum ist es nicht Frankreichs Königskrone?
Ich würde sie mit gleich geneigtem Herzen
Auf diesem schönen Haupt befestigen.
(Ihre Hand bedeutend fassend.)
Und – zählt auf mich, wenn Ihr dereinst des Freundes
Bedürfen solltet!

(Agnes Sorel, in Tränen ausbrechend, tritt auf die Seite, auch der König bekämpft eine große Bewegung, alle Umstehenden blicken gerührt auf beide Fürsten.)

BURGUND *(nachdem er alle der Reihe nach angesehen, wirft er sich in die Arme des Königs).*
O mein König!

(In demselben Augenblick eilen die drei burgundischen Ritter auf Dunois, La Hire und den Erzbischof zu und umarmen einander. Beide Fürsten liegen eine Zeit lang einander sprachlos in den Armen.)

Euch konnt' ich hassen! Euch konnt' ich entsagen!

KARL. Still! Still! Nicht weiter!

BURGUND. Diesen Engelländer
Konnt' ich krönen! Diesem Fremdling Treue schwören!
Euch meinen König ins Verderben stürzen!

KARL. Vergesst es! Alles ist verziehen. Alles
Tilgt dieser einz'ge Augenblick. Es war
Ein Schicksal, ein unglückliches Gestirn!

BURGUND *(fasst seine Hand).*
Ich will gutmachen! Glaubet mir, ich will's.
Alle Leiden sollen Euch erstattet werden,
Euer ganzes Königreich sollt Ihr zurück-
Empfangen – nicht ein Dorf soll daran fehlen!

KARL. Wir sind vereint. Ich fürchte keinen Feind mehr.

BURGUND.
Glaubt mir, ich führte nicht mit frohem Herzen
Die Waffen wider Euch. O wüsstet Ihr –
Warum habt Ihr mir diese nicht geschickt?
(Auf die Sorel zeigend.)
Nicht widerstanden hätt ich ihren Tränen!
– Nun soll uns keine Macht der Hölle mehr
Entzweien, da wir Brust an Brust geschlossen!
Jetzt hab ich meinen wahren Ort gefunden,
An diesem Herzen endet meine Irrfahrt.

ERZBISCHOF *(tritt zwischen beide).*
Ihr seid vereinigt, Fürsten! Frankreich steigt
Ein neu verjüngter Phönix aus der Asche,
Uns lächelt eine schöne Zukunft an.
Des Landes tiefe Wunden werden heilen,
Die Dörfer, die verwüsteten, die Städte
Aus ihrem Schutt sich prangender erheben,
Die Felder decken sich mit neuem Grün –
Doch, die das Opfer eures Zwists gefallen,
Die Toten stehen nicht mehr auf, die Tränen,
Die eurem Streit geflossen, sind und bleiben
Geweint! Das kommende Geschlecht wird blühen,
Doch das vergangne war des Elends Raub,
Der Enkel Glück erweckt nicht mehr die Väter.
Das sind die Früchte eures Bruderzwists!
Lasst's euch zur Lehre dienen! Fürchtet die Gottheit
Des Schwerts, eh ihr's der Scheid entreißt. Loslassen
Kann der Gewaltige den Krieg, doch nicht
Gelehrig wie der Falk sich aus den Lüften
Zurückschwingt auf des Jägers Hand, gehorcht
Der wilde Gott dem Ruf der Menschenstimme.
Nicht zweimal kommt im rechten Augenblick
Wie heut die Hand des Retters aus den Wolken.
BURGUND. O Sire! Euch wohnt ein Engel an der Seite.
– Wo ist sie? Warum seh ich sie nicht hier?
KARL. Wo ist Johanna? Warum fehlt sie uns
In diesem festlich schönen Augenblick,
Den sie uns schenkte?
ERZBISCHOF. Sire! Das heil'ge Mädchen
Liebt nicht die Ruhe eines müß'gen Hofs,
Und ruft sie nicht der göttliche Befehl
Ans Licht der Welt hervor, so meidet sie
Verschämt den eitlen Blick gemeiner Augen!
Gewiss bespricht sie sich mit Gott, wenn sie
Für Frankreichs Wohlfahrt nicht geschäftig ist,
Denn allen ihren Schritten folgt der Segen.

VIERTER AUFTRITT

Johanna zu den Vorigen. Sie ist im Harnisch, aber ohne Helm, und trägt einen Kranz in den Haaren.

KARL. Du kommst als Priesterin geschmückt, Johanna,
Den Bund, den du gestiftet, einzuweihn?
BURGUND.
Wie schrecklich war die Jungfrau in der Schlacht,
Und wie umstrahlt mit Anmut sie der Friede!
– Hab ich mein Wort gelöst, Johanna? Bist du
Befriedigt und verdien ich deinen Beifall?
JOHANNA. Dir selbst hast du die größte Gunst erzeigt.
Jetzt schimmerst du in segenvollem Licht,
Da du vorhin in blutrotdüsterm Schein
Ein Schreckensmond an diesem Himmel hingst.
(Sich umschauend.)
Viel edle Ritter find ich hier versammelt,
Und alle Augen glänzen freudenhell,
Nur *einem* Traurigen hab ich begegnet,
Der sich verbergen muss, wo alles jauchzt.
BURGUND. Und wer ist sich so schwerer Schuld bewusst,
Dass er an unsrer Huld verzweifeln müsste?
JOHANNA. Darf er sich nahn? O sage, dass er's darf!
Mach dein Verdienst vollkommen. Eine Versöhnung
Ist keine, die das Herz nicht ganz befreit.
Ein Tropfe *Hass*, der in dem Freudenbecher
Zurückbleibt, macht den Segenstrank zum Gift.
– Kein Unrecht sei so blutig, dass Burgund
An diesem Freudentag es nicht vergebe!
BURGUND. Ha, ich verstehe dich!
JOHANNA. Und willst verzeihn?
Du willst es, Herzog? – Komm herein, Du Chatel!
(Sie öffnet die Tür und führt Du Chatel herein, dieser bleibt in der Entfernung stehen.)
Der Herzog ist mit seinen Feinden allen
Versöhnt, er ist es auch mit dir.
(Du Chatel tritt einige Schritte näher und sucht in den Augen des Herzogs zu lesen.)
BURGUND. Was machst du
Aus mir, Johanna? Weißt du, was du forderst?
JOHANNA. Ein güt'ger Herr tut seine Pforten auf
Für alle Gäste, keinen schließt er aus;

Frei wie das Firmament die Welt umspannt,
So muss die Gnade Freund und Feind umschließen.
Es schickt die Sonne ihre Strahlen gleich
Nach allen Räumen der Unendlichkeit,
Gleichmessend gießt der Himmel seinen Tau
Auf alle durstenden Gewächse aus.
Was irgend gut ist und von oben kommt,
Ist allgemein und ohne Vorbehalt,
Doch in den Falten wohnt die Finsternis!

BURGUND. O sie kann mit mir schalten wie sie will,
Mein Herz ist weiches Wachs in ihrer Hand.
– Umarmt mich, Du Chatel! Ich vergeb Euch.
Geist meines Vaters, zürne nicht, wenn ich
Die Hand, die dich getötet, freundlich fasse.
Ihr Todesgötter, rechnet mir's nicht zu,
Dass ich mein schrecklich Rachgelübde breche.
Bei euch dort unten in der ew'gen Nacht,
Da schlägt kein Herz mehr, da ist alles ewig,
Steht alles unbeweglich fest – doch anders
Ist es hier oben in der Sonne Licht.
Der Mensch ist, der lebendig fühlende,
Der leichte Raub des mächt'gen Augenblicks.

KARL *(zur Johanna).*
Was dank ich dir nicht alles, hohe Jungfrau!
Wie schön hast du dein Wort gelöst!
Wie schnell mein ganzes Schicksal umgewandelt!
Die Freunde hast du mir versöhnt, die Feinde
Mir in den Staub gestürzt, und meine Städte
Dem fremden Joch entrissen. – Du allein
Vollbrachtest alles. – Sprich, wie lohn ich dir!

JOHANNA.
Sei immer menschlich, Herr, im Glück, wie du's
Im Unglück warst – und auf der Größe Gipfel
Vergiss nicht, was ein Freund wiegt in der Not,
Du hast's in der Erniedrigung erfahren.
Verweigre nicht Gerechtigkeit und Gnade
Dem Letzten deines Volks, denn von der Herde
Berief dir Gott die Retterin – du wirst
Ganz Frankreich sammeln unter deinen Zepter,
Der Ahn- und Stammherr großer Fürsten sein,
Die nach dir kommen, werden heller leuchten,
Als die dir auf dem Thron vorangegangen.
Dein Stamm wird blühn, solang er sich die Liebe

Bewahrt im Herzen seines Volks,
Der Hochmut nur kann ihn zum Falle führen,
Und von den niedern Hütten, wo dir jetzt
Der Retter ausging, droht geheimnisvoll
Den schuldbefleckten Enkeln das Verderben!
BURGUND. Erleuchtet' Mädchen, das der Geist beseelt,
Wenn deine Augen in die Zukunft dringen,
So sprich mir auch von meinem Stamm! Wird er
Sich herrlich breiten wie er angefangen?
JOHANNA. Burgund! Hoch bis zu Throneshöhe hast
Du deinen Stuhl gesetzt, und höher strebt
Das stolze Herz, es hebt bis in die Wolken
Den kühnen Bau. – Doch eine Hand von oben
Wird seinem Wachstum schleunig Halt gebieten.
Doch fürchte drum nicht deines Hauses Fall!
In einer Jungfrau lebt es glänzend fort,
Und Zepter tragende Monarchen, Hirten
Der Völker werden ihrem Schoß entblühn.
Sie werden herrschen auf zwei großen Thronen,
Gesetze schreiben der bekannten Welt
Und einer neuen, welche Gottes Hand
Noch zudeckt hinter unbeschifften Meeren.
KARL. O sprich, wenn es der Geist dir offenbaret,
Wird dieses Freundesbündnis, das wir jetzt
Erneut, auch noch die späten Enkelsöhne
Vereinigen?
JOHANNA *(nach einem Stillschweigen).*
Ihr Könige und Herrscher!
Fürchtet die Zwietracht! Wecket nicht den Streit
Aus seiner Höhle, wo er schläft, denn e i n m a l
Erwacht bezähmt er spät sich wieder! Enkel
Erzeugt er sich, ein eisernes Geschlecht,
Fortzündet an dem Brande sich der Brand.
– Verlangt nicht mehr zu wissen! Freuet euch
Der Gegenwart, lasst mich die Zukunft still
Bedecken!
SOREL. Heilig Mädchen, du erforschest
Mein Herz, du weißt, ob es nach Größe eitel strebt,
Auch mir gib ein erfreuliches Orakel.
JOHANNA. Mir zeigt der Geist nur große Weltgeschicke,
D e i n Schicksal ruht in deiner eignen Brust!
DUNOIS. Was aber wird dein eigen Schicksal sein,
Erhabnes Mädchen, das der Himmel liebt?

Dir blüht gewiss das schönste Glück der Erden,
Da du so fromm und heilig bist.
JOHANNA. Das Glück
Wohnt droben in dem Schoß des ew'gen Vaters.
KARL. Dein Glück sei fortan deines Königs Sorge!
Denn deinen Namen will ich herrlich machen
In Frankreich, selig preisen sollen dich
Die spätesten Geschlechter – und gleich jetzt
Erfüll ich es. – Knie nieder!
(Er zieht das Schwert und berührt sie mit demselben.)
Und steh auf
Als eine Edle! Ich erhebe dich,
Dein König, aus dem Staube deiner dunkeln
Geburt – Im Grabe adl' ich deine Väter –
Du sollst die Lilie im Wappen tragen,
Den Besten sollst du ebenbürtig sein
In Frankreich, nur das königliche Blut
Von Valois sei edler als das deine!
Der Größte meiner Großen fühle sich
Durch deine Hand geehrt, mein sei die Sorge,
Dich einem edeln Gatten zu vermählen.
DUNOIS *(tritt vor).*
Mein Herz erkor sie, da sie niedrig war,
Die neue Ehre, die ihr Haupt umglänzt,
Erhöht nicht ihr Verdienst, noch meine Liebe.
Hier in dem Angesichte meines Königs
Und dieses heil'gen Bischofs reich ich ihr
Die Hand als meiner fürstlichen Gemahlin,
Wenn sie mich würdig hält, sie zu empfangen.
KARL. Unwiderstehlich Mädchen, du häufst Wunder
Auf Wunder! Ja, nun glaub ich, dass dir nichts
Unmöglich ist. Du hast dies stolze Herz
Bezwungen, das der Liebe Allgewalt
Hohn sprach bis jetzt.
LA HIRE *(tritt vor).* Johannas schönster Schmuck,
Kenn ich sie recht, ist ihr bescheidnes Herz.
Der Huldigung des Größten ist sie wert,
Doch nie wird sie den Wunsch so hoch erheben.
Sie strebt nicht schwindelnd ird'scher Hoheit nach,
Die treue Neigung eines redlichen
Gemüts genügt ihr, und das stille Los,
Das ich mit dieser Hand ihr anerbiete.
KARL. Auch du, La Hire? Zwei treffliche Bewerber

An Heldentugend gleich und Kriegesruhm!
– Willst du, die meine Feinde mir versöhnt,
Mein Reich vereinigt, mir die liebsten Freunde
Entzwein? Es kann sie einer nur besitzen,
Und jeden acht ich solches Preises wert.
So rede du, dein Herz muss hier entscheiden.

SOREL *(tritt näher).*
Die edle Jungfrau seh ich überrascht,
Und ihre Wangen färbt die zücht'ge Scham.
Man geb ihr Zeit, ihr Herz zu fragen, sich
Der Freundin zu vertrauen und das Siegel
Zu lösen von der fest verschlossnen Brust.
Jetzt ist der Augenblick gekommen, wo
Auch ich der strengen Jungfrau schwesterlich
Mich nahen, ihr den treu verschwiegnen Busen
Darbieten darf. – Man lass uns weiblich erst
Das Weibliche bedenken und erwarte,
Was wir beschließen werden.

KARL *(im Begriff zu gehen).*
Also sei's!

JOHANNA. Nicht also, Sire! Was meine Wangen färbte,
War die Verwirrung nicht der blöden Scham.
Ich habe dieser edeln Frau nichts zu vertraun,
Des ich vor Männern mich zu schämen hätte.
Hoch ehrt mich dieser edeln Ritter Wahl,
Doch nicht verließ ich meine Schäfertrift,
Um weltlich eitle Hoheit zu erjagen,
Noch mir den Brautkranz in das Haar zu flechten,
Legt' ich die ehrne Waffenrüstung an.
Berufen bin ich zu ganz anderm Werk,
Die reine Jungfrau nur kann es vollenden.
Ich bin die Kriegerin des höchsten Gottes,
Und keinem Manne kann ich Gattin sein.

ERZBISCHOF. Dem Mann zur liebenden Gefährtin ist
Das Weib geboren – wenn sie der Natur
Gehorcht, dient sie am würdigsten dem Himmel!
Und hast du dem Befehle deines Gottes,
Der in das Feld dich rief, genuggetan,
So wirst du deine Waffen von dir legen,
Und wiederkehren zu dem sanfteren
Geschlecht, das du verleugnet hast, das nicht
Berufen ist zum blut'gen Werk der Waffen.

JOHANNA.
Ehrwürd'ger Herr, ich weiß noch nicht zu sagen,
Was mir der Geist gebieten wird zu tun;
Doch wenn die Zeit kommt, wird mir seine Stimme
Nicht schweigen, und gehorchen werd ich ihr.
Jetzt aber heißt er mich mein Werk vollenden,
Die Stirne meines Herren ist noch nicht
Gekrönt, das heil'ge Öl hat seine Scheitel
Noch nicht benetzt, noch heißt mein Herr nicht König.
KARL. Wir sind begriffen auf dem Weg nach Reims.
JOHANNA. Lass uns nicht stillstehn, denn geschäftig sind
Die Feinde rings, den Weg dir zu verschließen.
Doch mitten durch sie alle führ ich dich!
DUNOIS. Wenn aber alles wird vollendet sein,
Wenn wir zu Reims nun siegend eingezogen,
Wirst du mir dann vergönnen, heilig Mädchen –
JOHANNA. Will es der Himmel, dass ich sieggekrönt
Aus diesem Kampf des Todes wiederkehre,
So ist mein Werk vollendet – und die Hirtin
Hat kein Geschäft mehr in des Königs Hause.
KARL *(ihre Hand fassend).*
Dich treibt des Geistes Stimme jetzt, es schweigt
Die Liebe in dem gotterfüllten Busen.
Sie wird nicht immer schweigen, glaube mir!
Die Waffen werden ruhn, es führt der Sieg
Den Frieden an der Hand, dann kehrt die Freude
In jeden Busen ein, und sanftere
Gefühle wachen auf in allen Herzen –
Sie werden auch in deiner Brust erwachen,
Und Tränen süßer Sehnsucht wirst du weinen,
Wie sie dein Auge nie vergoss – dies Herz,
Das jetzt der Himmel ganz erfüllt, wird sich
Zu einem ird'schen Freunde liebend wenden –
Jetzt hast du rettend Tausende beglückt,
Und e i n e n zu beglücken wirst du enden!
JOHANNA.
Dauphin! Bist du der göttlichen Erscheinung
Schon müde, dass du ihr Gefäß zerstören,
Die reine Jungfrau, die dir Gott gesendet,
Herab willst ziehn in den gemeinen Staub?
Ihr blinden Herzen! Ihr Kleingläubigen!
Des Himmels Herrlichkeit umleuchtet euch,
Vor eurem Aug enthüllt er seine Wunder,

Und ihr erblickt in mir nichts als ein Weib.
Darf sich ein Weib mit kriegerischem Erz
Umgeben, in die Männerschlacht sich mischen?
Weh mir, wenn ich das Rachschwert meines Gottes
In Händen führte, und im eiteln Herzen
Die Neigung trüge zu dem ird'schen Mann!
Mir wäre besser, ich wär nie geboren!
Kein solches Wort mehr, sag ich euch, wenn ihr
Den Geist in mir nicht zürnend wollt entrüsten!
Der Männer Auge schon, das mich begehrt,
Ist mir ein Grauen und Entheiligung.
KARL. Brecht ab. Es ist umsonst sie zu bewegen.
JOHANNA. Befiehl, dass man die Kriegstrommete blase!
Mich presst und ängstigt diese Waffenstille,
Es jagt mich auf aus dieser müß'gen Ruh,
Und treibt mich fort, dass ich mein Werk erfülle,
Gebietrisch mahnend meinem Schicksal zu.

FÜNFTER AUFTRITT

Ein Ritter eilfertig zu den Vorigen.

KARL. Was ist's?
RITTER. Der Feind ist über die Marne gegangen,
Und stellt sein Heer zum Treffen.
JOHANNA *(begeistert).* Schlacht und Kampf!
Jetzt ist die Seele ihrer Banden frei.
Bewaffnet euch, ich ordn' indes die Scharen.
(Sie eilt hinaus.)
KARL. Folgt ihr, La Hire – Sie wollen uns am Tore
Von Reims noch um die Krone kämpfen lassen!
DUNOIS. Sie treibt nicht wahrer Mut. Es ist der letzte
Versuch ohnmächtig wütender Verzweiflung.
KARL.
Burgund, Euch sporn ich nicht. Heut ist der Tag,
Um viele böse Tage zu vergüten.
BURGUND. Ihr sollt mit mir zufrieden sein.
KARL. Ich selbst
Will Euch vorangehn auf dem Weg des Ruhms,
Und in dem Angesicht der Krönungsstadt
Die Krone mir erfechten. – Meine Agnes!
Dein Ritter sagt dir Lebewohl!

AGNES *(umarmt ihn).*
Ich weine nicht, ich zittre nicht für dich,
Mein Glaube greift vertrauend in die Wolken!
So viele Pfänder seiner Gnade gab
Der Himmel nicht, dass wir am Ende trauern!
Vom Sieg gekrönt umarm ich meinen Herrn,
Mir sagt's das Herz, in Reims' bezwungnen Mauern.
(Trompeten erschallen mit mutigem Ton und gehen, während dass verwandelt wird, in ein wildes Kriegsgetümmel über, das Orchester fällt ein bei offener Szene und wird von kriegerischen Instrumenten hinter der Szene begleitet.)

Der Schauplatz verwandelt sich in eine freie Gegend, die von Bäumen begrenzt wird.
Man sieht während der Musik Soldaten über den Hintergrund schnell wegziehen.

SECHSTER AUFTRITT

Talbot, auf Fastolf gestützt und von Soldaten begleitet. Gleich darauf Lionel.

TALBOT. Hier unter diesen Bäumen setzt mich nieder,
Und ihr begebt euch in die Schlacht zurück,
Ich brauche keines Beistands, um zu sterben.
FASTOLF. O unglückselig jammervoller Tag!
(Lionel tritt auf.)
Zu welchem Anblick kommt Ihr, Lionel!
Hier liegt der Feldherr auf den Tod verwundet.
LIONEL. Das wolle Gott nicht! Edler Lord, steht auf!
Jetzt ist's nicht Zeit, ermattet hinzusinken.
Weicht nicht dem Tod, gebietet der Natur
Mit Eurem mächt'gen Willen, dass sie lebe!
TALBOT. Umsonst! Der Tag des Schicksals ist gekommen,
Der unsern Thron in Frankreich stürzen soll.
Vergebens in verzweiflungsvollem Kampf
Wagt' ich das Letzte noch, ihn abzuwenden.
Vom Strahl dahingeschmettert lieg ich hier,
Um nicht mehr aufzustehn. – Reims ist verloren,
So eilt Paris zu retten!
LIONEL. Paris hat sich vertragen mit dem Dauphin,
Soeben bringt ein Eilbot uns die Nachricht.

TALBOT *(reißt den Verband ab).*
So strömet hin, ihr Bäche meines Bluts,
Denn überdrüssig bin ich dieser Sonne!
LIONEL.
Ich kann nicht bleiben. – Fastolf, bringt den Feldherrn
An einen sichern Ort, wir können uns
Nicht lange mehr auf diesem Posten halten.
Die Unsern fliehen schon von allen Seiten,
Unwiderstehlich dringt das Mädchen vor –
TALBOT. Unsinn, du siegst und ich muss untergehn!
Mit der Dummheit kämpfen Götter selbst vergebens.
Erhabene Vernunft, lichthelle Tochter
Des göttlichen Hauptes, weise Gründerin
Des Weltgebäudes, Führerin der Sterne,
Wer bist du denn, wenn du dem tollen Ross
Des Aberwitzes an den Schweif gebunden,
Ohnmächtig rufend, mit dem Trunkenen
Dich sehend in den Abgrund stürzen musst!
Verflucht sei, wer sein Leben an das Große
Und Würd'ge wendet und bedachte Plane
Mit weisem Geist entwirft! Dem Narrenkönig
Gehört die Welt –
LIONEL. Mylord! Ihr habt nur noch
Für wenig Augenblicke Leben – denkt
An Euren Schöpfer!
TALBOT. Wären wir als Tapfre
Durch andre Tapfere besiegt, wir könnten
Uns trösten mit dem allgemeinen Schicksal,
Das immer wechselnd seine Kugel dreht –
Doch solchem groben Gaukelspiel erliegen!
War unser ernstes arbeitvolles Leben
Keines ernsthaftern Ausgangs wert?
LIONEL *(reicht ihm die Hand).*
Mylord, fahrt wohl! Der Tränen schuld'gen Zoll
Will ich Euch redlich nach der Schlacht entrichten,
Wenn ich alsdann noch übrig bin. Jetzt aber
Ruft das Geschick mich fort, das auf dem Schlachtfeld
Noch richtend sitzt und seine Lose schüttelt.
Auf Wiedersehn in einer andern Welt,
Kurz ist der Abschied für die lange Freundschaft. *(Geht ab.)*
TALBOT. Bald ist's vorüber und der Erde geb ich,
Der ew'gen Sonne die Atome wieder,
Die sich zu Schmerz und Lust in mir gefügt –

Und von dem mächt'gen Talbot, der die Welt
Mit seinem Kriegsruhm füllte, bleibt nichts übrig,
Als eine Hand voll leichten Staubs. – So geht
Der Mensch zu Ende – und die einzige
Ausbeute, die wir aus dem Kampf des Lebens
Wegtragen, ist die Einsicht in das Nichts,
Und herzliche Verachtung alles dessen,
Was uns erhaben schien und wünschenswert –

SIEBENTER AUFTRITT

Karl. Burgund. Dunois. Du Chatel und Soldaten treten auf. Talbot und Fastolf.

BURGUND. Die Schanze ist erstürmt.
DUNOIS. Der Tag ist unser.
KARL *(Talbot bemerkend).*
Seht, wer es ist, der dort vom Licht der Sonne
Den unfreiwillig schweren Abschied nimmt?
Die Rüstung zeigt mir keinen schlechten Mann,
Geht, springt ihm bei, wenn ihm noch Hülfe frommt.
(Soldaten aus des Königs Gefolge treten hinzu.)
FASTOLF.
Zurück! Bleibt fern! Habt Achtung vor dem Toten,
Dem ihr im Leben nie zu nahn gewünscht!
BURGUND. Was seh ich! Talbot liegt in seinem Blut!
(Er geht auf ihn zu. Talbot blickt ihn starr an und stirbt.)
FASTOLF.
Hinweg, Burgund! Den letzten Blick des Helden
Vergifte nicht der Anblick des Verräters!
DUNOIS. Furchtbarer Talbot! Unbezwinglicher!
Nimmst du vorlieb mit so geringem Raum,
Und Frankreichs weite Erde konnte nicht
Dem Streben deines Riesengeistes gnügen.
– Erst jetzo, Sire, begrüß ich Euch als König,
Die Krone zitterte auf Eurem Haupt,
So lang ein Geist in diesem Körper lebte.
KARL *(nachdem er den Toten stillschweigend betrachtet).*
Ihn hat ein Höherer besiegt, nicht wir!
Er liegt auf Frankreichs Erde, wie der Held
Auf seinem Schild, den er nicht lassen wollte.
Bringt ihn hinweg!

(Soldaten heben den Leichnam auf und tragen ihn fort.)
Fried sei mit seinem Staube!
Ihm soll ein ehrenvolles Denkmal werden,
Mitten in Frankreich, wo er seinen Lauf
Als Held geendet, ruhe sein Gebein!
So weit als er, drang noch kein feindlich Schwert,
Seine Grabschrift sei der Ort, wo man ihn findet.

FASTOLF *(gibt sein Schwert ab).*
Herr, ich bin dein Gefangener.

KARL *(gibt ihm sein Schwert zurück).*
Nicht also!
Die fromme Pflicht ehrt auch der rohe Krieg,
Frei sollt Ihr Eurem Herrn zu Grabe folgen.
Jetzt eilt, Du Chatel – Meine Agnes zittert –
Entreißt sie ihrer Angst um uns – Bringt ihr
Die Botschaft, dass wir leben, dass wir siegten,
Und führt sie im Triumph nach Reims!
(Du Chatel geht ab.)

ACHTER AUFTRITT

La Hire zu den Vorigen.

DUNOIS. La Hire!
Wo ist die Jungfrau?

LA HIRE. Wie? Das frag ich Euch.
An Eurer Seite fechtend ließ ich sie.

DUNOIS. Von Eurem Arme glaubt' ich sie beschützt,
Als ich dem König beizuspringen eilte.

BURGUND. Im dichtsten Feindeshaufen sah ich noch
Vor kurzem ihre weiße Fahne wehn.

DUNOIS. Weh uns, wo ist sie? Böses ahndet mir!
Kommt, eilen wir sie zu befrein. – Ich fürchte,
Sie hat der kühne Mut zu weit geführt,
Umringt von Feinden kämpft sie ganz allein,
Und hülflos unterliegt sie jetzt der Menge.

KARL. Eilt, rettet sie!

LA HIRE. Ich folg euch, kommt!

BURGUND. Wir alle!
(Sie eilen fort.)

*Eine andre öde Gegend des Schlachtfelds.
Man sieht die Türme von Reims in der Ferne,
von der Sonne beleuchtet.*

NEUNTER AUFTRITT

Ein Ritter in ganz schwarzer Rüstung, mit geschlossnem Visier. Johanna verfolgt ihn bis auf die vordere Bühne, wo er stille steht und sie erwartet.

JOHANNA. Arglist'ger! Jetzt erkenn ich deine Tücke!
Du hast mich trüglich durch verstellte Flucht
Vom Schlachtfeld weggelockt und Tod und Schicksal
Von vieler Britensöhne Haupt entfernt.
Doch jetzt ereilt dich selber das Verderben.
SCHWARZER RITTER.
Warum verfolgst du mich und heftest dich
So wutentbrannt an meine Fersen? Mir
Ist nicht bestimmt, von deiner Hand zu fallen.
JOHANNA. Verhasst in tiefer Seele bist du mir,
Gleich wie die Nacht, die deine Farbe ist.
Dich wegzutilgen von dem Licht des Tags
Treibt mich die unbezwingliche Begier.
Wer bist du? Öffne dein Visier. – Hätt ich
Den kriegerischen Talbot in der Schlacht
Nicht fallen sehn, so sagt ich, du wärst Talbot.
SCHWARZER RITTER.
Schweigt dir die Stimme des Prophetengeistes?
JOHANNA. Sie redet laut in meiner tiefsten Brust,
Dass mir das Unglück an der Seite steht.
SCHWARZER RITTER.
Johanna d'Arc! Bis an die Tore Reims'
Bist du gedrungen auf des Sieges Flügeln.
Dir gnüge der erworbne Ruhm. Entlasse
Das Glück, das dir als Sklave hat gedient,
Eh es sich zürnend selbst befreit, es hasst
Die Treu und keinem dient es bis ans Ende.
JOHANNA. Was heißest du in Mitte meines Laufs
Mich stille stehen und mein Werk verlassen?
Ich führ es aus und löse mein Gelübde!
SCHWARZER RITTER.
Nichts kann dir, du Gewalt'ge, widerstehn,

In jedem Kampfe siegst du. – Aber gehe
In keinen Kampf mehr. Höre meine Warnung!
JOHANNA.
Nicht aus den Händen leg ich dieses Schwert,
Als bis das stolze England niederliegt.
SCHWARZER RITTER.
Schau hin! Dort hebt sich Reims mit seinen Türmen,
Das Ziel und Ende deiner Fahrt – die Kuppel
Der hohen Kathedrale siehst du leuchten,
Dort wirst du einziehn im Triumphgepräng,
Deinen König krönen, dein Gelübde lösen.
– Geh nicht hinein. Kehr um. Hör meine Warnung.
JOHANNA. Wer bist du, doppelzüngig falsches Wesen,
Das mich erschrecken und verwirren will?
Was maßest du dir an, mir falsch Orakel
Betrüglich zu verkündigen?
(Der schwarze Ritter will abgehen, sie tritt ihm in den Weg.)
Nein, du stehst
Mir Rede, oder stirbst von meinen Händen!
(Sie will einen Streich auf ihn führen.)
SCHWARZER RITTER *(berührt sie mit der Hand, sie bleibt unbeweglich stehen).* Töte, was sterblich ist!
(Nacht, Blitz und Donnerschlag. Der Ritter versinkt.)
JOHANNA *(steht anfangs erstaunt, fasst sich aber bald wieder).*
Es war nichts Lebendes. – Ein trüglich Bild
Der Hölle war's, ein widerspenst'ger Geist,
Heraufgestiegen aus dem Feuerpfuhl,
Mein edles Herz im Busen zu erschüttern.
Wen fürcht ich mit dem Schwerte meines Gottes?
Siegreich vollenden will ich meine Bahn,
Und käm die Hölle selber in die Schranken,
Mir soll der Mut nicht weichen und nicht wanken!
(Sie will abgehen.)

ZEHNTER AUFTRITT

Lionel. Johanna.

LIONEL. Verfluchte, rüste dich zum Kampf – Nicht beide
Verlassen wir lebendig diesen Platz.
Du hast die Besten meines Volks getötet,
Der edle Talbot hat die große Seele

In meinen Busen ausgehaucht. – Ich räche
Den Tapfern oder teile sein Geschick.
Und dass du wissest, wer dir Ruhm verleiht,
Er sterbe oder siege – Ich bin Lionel,
Der letzte von den Fürsten unsers Heers,
Und unbezwungen noch ist dieser Arm.
(Er dringt auf sie ein, nach einem kurzen Gefecht schlägt sie ihm das Schwert aus der Hand.)
Treuloses Glück! *(Er ringt mit ihr.)*

JOHANNA *(ergreift ihn von hinten zu am Helmbusch und reißt ihm den Helm gewaltsam herunter, dass sein Gesicht entblößt wird; zugleich zuckt sie das Schwert mit der Rechten.)*
Erleide, was du suchtest,
Die heil'ge Jungfrau opfert dich durch mich!
(In diesem Augenblicke sieht sie ihm ins Gesicht, sein Anblick ergreift sie, sie bleibt unbeweglich stehen und lässt dann langsam den Arm sinken.)

LIONEL.
Was zauderst du und hemmst den Todesstreich?
Nimm mir das Leben auch, du nahmst den Ruhm,
Ich bin in deiner Hand, ich will nicht Schonung.
(Sie gibt ihm ein Zeichen mit der Hand, sich zu entfernen.)
Entfliehen soll ich? Dir soll ich mein Leben
Verdanken? – Eher sterben!

JOHANNA *(mit abgewandtem Gesicht).* Rette dich!
Ich will nichts davon wissen, dass dein Leben
In meine Macht gegeben war.

LIONEL. Ich hasse dich und dein Geschenk – Ich will
Nicht Schonung – Töte deinen Feind, der dich
Verabscheut, der dich töten wollte.

JOHANNA. Töte mich
– Und fliehe!

LIONEL. Ha! Was ist das?

JOHANNA *(verbirgt das Gesicht).* Wehe mir!

LIONEL *(tritt ihr näher).*
Du tötest, sagt man, alle Engelländer,
Die du im Kampf bezwingst – Warum nur mich
Verschonen?

JOHANNA *(erhebt das Schwert mit einer raschen Bewegung gegen ihn, lässt es aber, wie sie ihn ins Gesicht fasst, schnell wieder sinken).* Heil'ge Jungfrau!

LIONEL. Warum nennst du
Die Heil'ge? Sie weiß nichts von dir, der Himmel

Hat keinen Teil an dir.
JOHANNA *(in der heftigsten Beängstigung).* Was hab ich
Getan! Gebrochen hab ich mein Gelübde!
(Sie ringt verzweifelnd die Hände.)
LIONEL *(betrachtet sie mit Teilnahme und tritt ihr näher).*
Unglücklich Mädchen! Ich beklage dich,
Du rührst mich, du hast Großmut ausgeübt
An mir allein, ich fühle, dass mein Hass
Verschwindet, ich muss Anteil an dir nehmen!
– Wer bist du? Woher kommst du?
JOHANNA. Fort! Entfliehe!
LIONEL. Mich jammert deine Jugend, deine Schönheit!
Dein Anblick dringt mir an das Herz. Ich möchte
Dich gerne retten – Sage mir, wie kann ich's?
Komm! Komm! Entsage dieser grässlichen
Verbindung – Wirf sie von dir, diese Waffen!
JOHANNA. Ich bin unwürdig, sie zu führen!
LIONEL. Wirf
Sie von dir, schnell, und folge mir!
JOHANNA *(mit Entsetzen).* Dir folgen!
LIONEL. Du kannst gerettet werden. Folge mir!
Ich will dich retten, aber säume nicht.
Mich fasst ein ungeheurer Schmerz um dich,
Und ein unnennbar Sehnen, dich zu retten –
(Bemächtigt sich ihres Armes.)
JOHANNA.
Der Bastard naht! Sie sind's! Sie suchen mich!
Wenn sie dich finden –
LIONEL. Ich beschütze dich!
JOHANNA. Ich sterbe, wenn du fällst von ihren Händen!
LIONEL. Bin ich dir teuer?
JOHANNA. Heilige des Himmels!
LIONEL. Werd ich dich wieder sehen? Von dir hören?
JOHANNA.
Nie! Niemals!
LIONEL. Dieses Schwert zum Pfand, dass ich
Dich wieder sehe!
(Er entreißt ihr das Schwert.)
JOHANNA. Rasender, du wagst es?
LIONEL. Jetzt weich ich der Gewalt, ich seh dich wieder!
(Er geht ab.)

ELFTER AUFTRITT

Dunois und La Hire. Johanna.

LA HIRE. Sie lebt! Sie ist's!
DUNOIS. Johanna, fürchte nichts!
Die Freunde stehen mächtig dir zur Seite.
LA HIRE. Flieht dort nicht Lionel?
DUNOIS. Lass ihn entfliehn!
Johanna, die gerechte Sache siegt,
Reims öffnet seine Tore, alles Volk
Strömt jauchzend seinem Könige entgegen –
LA HIRE. Was ist der Jungfrau? Sie erbleicht, sie sinkt!
(Johanna schwindelt und will sinken.)
DUNOIS. Sie ist verwundet – Reißt den Panzer auf –
Es ist der Arm und leicht ist die Verletzung.
LA HIRE. Ihr Blut entfließt.
JOHANNA. Lasst es mit meinem Leben
Hinströmen!
(Sie liegt ohnmächtig in La Hires Armen.)

VIERTER AUFZUG

Ein festlich ausgeschmückter Saal.
Die Säulen sind mit Festons umwunden, hinter der Szene Flöten und Hoboen.

ERSTER AUFTRITT

Johanna.

JOHANNA.
Die Waffen ruhn, des Krieges Stürme schweigen,
Auf blut'ge Schlachten folgt Gesang und Tanz,
Durch alle Straßen tönt der muntre Reigen,
Altar und Kirche prangt in Festes Glanz,
Und Pforten bauen sich aus grünen Zweigen,
Und um die Säule windet sich der Kranz,
Das weite Reims fasst nicht die Zahl der Gäste,
Die wallend strömen zu dem Völkerfeste.

Und einer Freude Hochgefühl entbrennet,
Und ein Gedanke schlägt in jeder Brust,
Was sich noch jüngst in blut'gem Hass getrennet,
Das teilt entzückt die allgemeine Lust,
Wer nur zum Stamm der Franken sich bekennet,
Der ist des Namens stolzer sich bewusst,
Erneuert ist der Glanz der alten Krone,
Und Frankreich huldigt seinem Königssohne.

Doch mich, die all dies Herrliche vollendet,
Mich rührt es nicht, das allgemeine Glück,
Mir ist das Herz verwandelt und gewendet,
Es flieht von dieser Festlichkeit zurück,
Ins brit'sche Lager ist es hingewendet,
Hinüber zu dem Feinde schweift der Blick,
Und aus der Freunde Kreis muss ich mich stehlen,
Die schwere Schuld des Busens zu verhehlen.

Wer? Ich? Ich eines Mannes Bild
In meinem reinen Busen tragen?
Dies Herz, von Himmels Glanz erfüllt,
Darf einer ird'schen Liebe schlagen?
Ich meines Landes Retterin,

Des höchsten Gottes Kriegerin,
Für meines Landes Feind entbrennen!
Darf ich's der keuschen Sonne nennen,
Und mich vernichtet nicht die Scham!

(Die Musik hinter der Szene geht in eine weiche, schmelzende Melodie über.)

Wehe! Weh mir! Welche Töne!
Wie verführen sie mein Ohr!
Jeder ruft mir seine Stimme,
Zaubert mir sein Bild hervor!

Dass der Sturm der Schlacht mich fasste,
Speere sausend mich umtönten
In des heißen Streites Wut!
Wieder fänd ich meinen Mut!

Diese Stimmen, diese Töne,
Wie umstricken sie mein Herz,
Jede Kraft in meinem Busen
Lösen sie in weichem Sehnen,
Schmelzen sie in Wehmuts-Tränen!
(Nach einer Pause lebhafter.)

Sollt ich ihn töten? Konnt' ich's, da ich ihm
Ins Auge sah? Ihn töten! Eher hätt ich
Den Mordstahl auf die eigne Brust gezückt!
Und bin ich strafbar, weil ich menschlich war?
Ist Mitleid Sünde? – Mitleid! Hörtest du
Des Mitleids Stimme und der Menschlichkeit
Auch bei den andern, die dein Schwert geopfert?
Warum verstummte sie, als der Walliser dich,
Der zarte Jüngling, um sein Leben flehte?
Arglistig Herz! Du lügst dem ew'gen Licht,
Dich trieb des Mitleids fromme Stimme nicht!
Warum musst' ich ihm in die Augen sehn!
Die Züge schaun des edeln Angesichts!
Mit deinem Blick fing dein Verbrechen an,
Unglückliche! Ein blindes Werkzeug fodert Gott,
Mit blinden Augen musstest du's vollbringen!
Sobald du s a h s t, verließ dich Gottes Schild,
Ergriffen dich der Hölle Schlingen!

(Die Flöten wiederholen, sie versinkt in eine stille Wehmut.)

Frommer Stab! O hätt ich nimmer
Mit dem Schwerte dich vertauscht!
Hätt es nie in deinen Zweigen,
Heil'ge Eiche, mir gerauscht!
Wärst du nimmer mir erschienen,
Hohe Himmelskönigin!
Nimm, ich kann sie nicht verdienen,
Deine Krone, nimm sie hin!

Ach, ich sah den Himmel offen
Und der Sel'gen Angesicht!
Doch auf Erden ist mein Hoffen,
Und im Himmel ist es nicht!
Musstest du ihn auf mich laden,
Diesen furchtbaren Beruf,
Konnt' ich dieses Herz verhärten,
Das der Himmel fühlend schuf!

Willst du deine Macht verkünden,
Wähle s i e, die frei von Sünden
Stehn in deinem ew'gen Haus,
Deine Geister sende aus,
Die Unsterblichen, die Reinen,
Die nicht fühlen, die nicht weinen!
Nicht die zarte Jungfrau wähle,
Nicht der Hirtin weiche Seele!

Kümmert m i c h das Los der Schlachten,
Mich der Zwist der Könige?
Schuldlos trieb ich meine Lämmer
Auf des stillen Berges Höh.
Doch du rissest mich ins Leben,
In den stolzen Fürstensaal,
Mich der Schuld dahinzugeben,
Ach, es war nicht meine Wahl!

ZWEITER AUFTRITT

Agnes Sorel. Johanna.

SOREL *(kommt in lebhafter Rührung; wie sie die Jungfrau erblickt, eilt sie auf sie zu und fällt ihr um den Hals; plötzlich besinnt sie sich, lässt sie los und fällt vor ihr nieder).*
Nein! Nicht so! Hier im Staub vor dir –
JOHANNA *(will sie aufheben).* Steh auf!
Was ist dir? Du vergissest dich und mich.
SOREL. Lass mich! Es ist der Freude Drang, der mich
Zu deinen Füßen niederwirft – ich muss
Mein überwallend Herz vor Gott ergießen,
Den Unsichtbaren bet ich an in dir.
Du bist der Engel, der mir meinen Herrn
Nach Reims geführt und mit der Krone schmückt.
Was ich zu sehen nie geträumt, es ist
Erfüllt! Der Krönungszug bereitet sich,
Der König steht im festlichen Ornat,
Versammelt sind die Pairs, die Mächtigen
Der Krone, die Insignien zu tragen,
Zur Kathedrale wallend strömt das Volk,
Es schallt der Reigen und die Glocken tönen,
O dieses Glückes Fülle trag ich nicht!
(Johanna hebt sie sanft in die Höhe. Agnes Sorel hält einen Augenblick inne, indem sie der Jungfrau näher ins Auge sieht.)
Doch du bleibst immer ernst und streng, du kannst
Das Glück erschaffen, doch du teilst es nicht.
Dein Herz ist kalt, du fühlst nicht unsre Freuden,
Du hast der Himmel Herrlichkeit gesehn,
Die reine Brust bewegt kein irdisch Glück.
(Johanna ergreift ihre Hand mit Heftigkeit, lässt sie aber schnell wieder fahren.)
O könntest du ein Weib sein und empfinden!
Leg diese Rüstung ab, kein Krieg ist mehr,
Bekenne dich zum sanfteren Geschlechte!
Mein liebend Herz flieht scheu vor dir zurück,
Solange du der strengen Pallas gleichst.
JOHANNA. Was foderst du von mir!
SOREL. Entwaffne dich!
Leg diese Rüstung ab, die Liebe fürchtet,
Sich dieser stahlbedeckten Brust zu nahn.
O sei ein Weib und du wirst Liebe fühlen!

JOHANNA. Jetzt soll ich mich entwaffnen! Jetzt! Dem Tod
Will ich die Brust entblößen in der Schlacht!
Jetzt nicht – o möchte siebenfaches Erz
Vor euren Festen, vor mir selbst mich schützen!
SOREL. Dich liebt Graf Dunois. Sein edles Herz
Dem Ruhm nur offen und der Heldentugend,
Es glüht für dich in heiligem Gefühl.
O es ist schön, von einem Helden sich geliebt
Zu sehn – es ist noch schöner, ihn zu lieben!
(Johanna wendet sich mit Abscheu hinweg.)
Du hassest ihn! – Nein, nein, du kannst ihn nur
Nicht lieben – Doch wie solltest du ihn hassen!
Man hasst nur den, der den Geliebten uns
Entreißt, doch dir ist keiner der Geliebte!
Dein Herz ist ruhig – Wenn es fühlen könnte –
JOHANNA. Beklage mich! Beweine mein Geschick!
SOREL. Was könnte dir zu deinem Glücke mangeln?
Du hast dein Wort gelöst, Frankreich ist frei,
Bis in die Krönungsstadt hast du den König
Siegreich geführt, und hohen Ruhm erstritten,
Dir huldiget, dich preist ein glücklich Volk,
Von allen Zungen überströmend fließt
Dein Lob, du bist die Göttin dieses Festes,
Der König selbst mit seiner Krone strahlt
Nicht herrlicher als du.
JOHANNA. O könnt ich mich
Verbergen in den tiefsten Schoß der Erde!
SOREL. Was ist dir? Welche seltsame Bewegung!
Wer dürfte frei aufschaun an diesem Tage,
Wenn du die Blicke niederschlagen sollst!
Mich lass erröten, mich, die neben dir
So klein sich fühlt, zu deiner Heldenstärke sich,
Zu deiner Hoheit nicht erheben kann!
Denn soll ich meine ganze Schwäche dir
Gestehen? – Nicht der Ruhm des Vaterlandes,
Nicht der erneute Glanz des Thrones, nicht
Der Völker Hochgefühl und Siegesfreude
Beschäftigt dieses schwache Herz. Es ist
Nur einer, der es ganz erfüllt, es hat
Nur Raum für dieses einzige Gefühl:
Er ist der Angebetete, ihm jauchzt das Volk,
Ihn segnet es, ihm streut es diese Blumen,
Er ist der Meine, der Geliebte ist's.

JOHANNA. O du bist glücklich! Selig preise dich!
Du liebst, wo alles liebt! Du darfst dein Herz
Aufschließen, laut aussprechen dein Entzücken
Und offen tragen vor der Menschen Blicken!
Dies Fest des Reichs ist deiner Liebe Fest,
Die Völker alle, die unendlichen,
Die sich in diesen Mauern flutend drängen,
Sie teilen dein Gefühl, sie heil'gen es,
Dir jauchzen sie, dir flechten sie den Kranz,
Eins bist du mit der allgemeinen Wonne,
Du liebst das Allerfreuende, die Sonne,
Und was du siehst, ist deiner Liebe Glanz!
SOREL *(ihr um den Hals fallend).*
O du entzückst mich, du verstehst mich ganz!
Ja ich verkannte dich, du kennst die Liebe,
Und was ich fühle, sprichst du mächtig aus.
Von seiner Furcht und Scheue löst sich mir
Das Herz, es wallt vertrauend dir entgegen
JOHANNA *(entreißt sich mit Heftigkeit ihren Armen).*
Verlass mich. Wende dich von mir! Beflecke
Dich nicht mit meiner pesterfüllten Nähe!
Sei glücklich, geh, mich lass in tiefster Nacht
Mein Unglück, meine Schande, mein Entsetzen
Verbergen
SOREL. Du erschreckst mich, ich begreife
Dich nicht, doch ich begriff dich nie – und stets
Verhüllt war mir dein dunkel tiefes Wesen.
Wer möcht es fassen, was dein heilig Herz,
Der reinen Seele Zartgefühl erschreckt!
JOHANNA. Du bist die Heilige! Du bist die Reine!
Säh'st du mein Innerstes, du stießest schaudernd
Die Feindin von dir, die Verräterin!

DRITTER AUFTRITT

Die Vorigen. Dunois. Du Chatel und La Hire mit der Fahne der Johanna.

DUNOIS. Dich suchen wir, Johanna. Alles ist
Bereit, der König sendet uns, er will,
Dass du vor ihm die heil'ge Fahne tragest,
Du sollst dich schließen an der Fürsten Reihn,

Die Nächste an ihm selber sollst du gehn,
Denn er verleugnet's nicht und alle Welt
Soll es bezeugen, dass er dir allein
Die Ehre dieses Tages zuerkennt.
LA HIRE. Hier ist die Fahne. Nimm sie, edle Jungfrau,
Die Fürsten warten und es harrt das Volk.
JOHANNA. Ich vor ihm herziehn! Ich die Fahne tragen!
DUNOIS. Wem anders ziemt es! Welche andre Hand
Ist rein genug, das Heiligtum zu tragen!
Du schwangst sie im Gefechte, trage sie
Zur Zierde nun auf diesem Weg der Freude.
(La Hire will ihr die Fahne überreichen, sie bebt schaudernd davor zurück.)
JOHANNA.
Hinweg! Hinweg!
LA HIRE. Was ist dir? Du erschrickst
Vor deiner eignen Fahne! – Sieh sie an!
(Er rollt die Fahne auseinander.)
Es ist dieselbe, die du siegend schwangst.
Die Himmelskönigin ist drauf gebildet,
Die über einer Erdenkugel schwebt,
Denn also lehrte dich's die heil'ge Mutter.
JOHANNA *(mit Entsetzen hinschauend).*
Sie ist's! Sie selbst! Ganz so erschien sie mir.
Seht, wie sie herblickt und die Stirne faltet,
Zornglühend aus den finstern Wimpern schaut!
SOREL. O sie ist außer sich! Komm zu dir selbst!
Erkenne dich, du siehst nichts Wirkliches!
Das ist ihr irdisch nachgeahmtes Bild,
Sie selber wandelt in des Himmels Chören!
JOHANNA.
Furchtbare, kommst du dein Geschöpf zu strafen?
Verderbe, strafe mich, nimm deine Blitze,
Und lass sie fallen auf mein schuldig Haupt.
Gebrochen hab ich meinen Bund, entweiht,
Gelästert hab ich deinen heil'gen Namen!
DUNOIS. Weh uns! Was ist das! Welch unsel'ge Reden!
LA HIRE *(erstaunt zu Du Chatel).*
Begreift Ihr diese seltsame Bewegung?
DU CHATEL. Ich sehe, was ich seh. Ich hab es längst
Gefürchtet.
DUNOIS. Wie? Was sagt Ihr?
DU CHATEL. Was ich denke,

Darf ich nicht sagen. Wollte Gott, es wäre
Vorüber und der König wär gekrönt!
LA HIRE. Wie? Hat der Schrecken, der von dieser Fahne
Ausging, sich auf dich selbst zurückgewendet?
Den Briten lass vor diesem Zeichen zittern,
Den Feinden Frankreichs ist es fürchterlich,
Doch seinen treuen Bürgern ist es gnädig.
JOHANNA. Ja, du sagst recht! Den Freunden ist es hold,
Und auf die Feinde sendet es Entsetzen!
(Man hört den Krönungsmarsch.)
DUNOIS. So nimm die Fahne! Nimm sie! Sie beginnen
Den Zug, kein Augenblick ist zu verlieren!
(Sie dringen ihr die Fahne auf, sie ergreift sie mit heftigem Widerstreben und geht ab, die andern folgen.)

Die Szene verwandelt sich in einen freien Platz vor der Kathedralkirche.

VIERTER AUFTRITT

Zuschauer erfüllen den Hintergrund, aus ihnen heraus treten Bertrand, Claude Marie und Etienne und kommen vorwärts. Der Krönungsmarsch erschallt gedämpft aus der Ferne.

BERTRAND.
Hört die Musik! Sie sind's! Sie nahen schon!
Was ist das Beste? Steigen wir hinauf
Auf die Platforme, oder drängen uns
Durch's Volk, dass wir vom Aufzug nichts verlieren?
ETIENNE.
Es ist nicht durchzukommen. Alle Straßen sind
Von Menschen vollgedrängt, zu Ross und Wagen.
Lasst uns hieher an diese Häuser treten,
Hier können wir den Zug gemächlich sehen,
Wenn er vorüberkommt.
CLAUDE MARIE. Ist's doch, als ob
Halb Frankreich sich zusammen hier gefunden!
So allgewaltig ist die Flut, dass sie
Auch uns im fernen lothringischen Land
Hat aufgehoben und hieher gespült!
BERTRAND. Wer wird
In seinem Winkel müßig sitzen, wenn

Das Große sich begibt im Vaterland!
Es hat auch Schweiß und Blut genug gekostet,
Bis dass die Krone kam auf's rechte Haupt!
Und unser König, der der wahre ist,
Dem wir die Kron itzt geben, soll nicht schlechter
Begleitet sein, als der Pariser ihrer,
Den sie zu Saint Denis gekrönt! Der ist
Kein Wohlgesinnter, der von diesem Fest
Wegbleibt, und nicht mit ruft: es lebe der König!

FÜNFTER AUFTRITT

Margot und Louison treten zu ihnen.

LOUISON. Wir werden unsre Schwester sehen, Margot!
Mir pocht das Herz.
MARGOT. Wir werden sie im Glanz
Und in der Hoheit sehn, und zu uns sagen:
Es ist Johanna, es ist unsre Schwester!
LOUISON. Ich kann's nicht glauben, bis ich sie mit Augen
Gesehn, dass diese Mächtige, die man
Die Jungfrau nennt von Orleans, unsre Schwester
Johanna ist, die uns verloren ging.
(Der Marsch kommt immer näher.)
MARGOT. Du zweifelst noch! Du wirst's mit Augen sehn!
BERTRAND. Gebt Acht! Sie kommen!

SECHSTER AUFTRITT

Flötenspieler und Hoboisten eröffnen den Zug. Kinder folgen, weiß gekleidet, mit Zweigen in der Hand, hinter diesen zwei Herolde. Darauf ein Zug von Hellebardierern. Magistratspersonen in der Robe folgen. Hierauf zwei Marschälle mit dem Stabe, Herzog von Burgund das Schwert tragend, Dunois mit dem Zepter, andere Große mit der Krone, dem Reichsapfel und dem Gerichtsstabe, andere mit Opfergaben; hinter diesen Ritter in ihrem Ordensschmuck, Chorknaben mit dem Rauchfass, dann zwei Bischöfe mit der Sainte Ampoule, Erzbischof mit dem Kruzifix; ihm folgt Johanna mit der Fahne. Sie geht mit gesenktem Haupt und ungewissen Schritten, die Schwestern geben bei ihrem Anblick Zeichen des Erstaunens und der Freude. Hinter ihr kommt der König, unter einem Thronhimmel, welchen vier Barone tragen, Hofleute folgen, Soldaten schließen. Wenn der Zug in die Kirche hinein ist, schweigt der Marsch.

SIEBENTER AUFTRITT

Louison. Margot. Claude Marie. Etienne. Bertrand.

MARGOT.
Sahst du die Schwester?
CLAUDE MARIE. Die im goldnen Harnisch,
Die vor dem König herging mit der Fahne!
MARGOT. Sie war's. Es war Johanna, unsre Schwester!
LOUISON. Und sie erkannt' uns nicht! Sie ahndete
Die Nähe nicht der schwesterlichen Brust.
Sie sah zur Erde und erschien so blass,
Und unter ihrer Fahne ging sie zitternd –
Ich konnte mich nicht freun, da ich sie sah.
MARGOT. So hab ich unsre Schwester nun im Glanz
Und in der Herrlichkeit gesehn. – Wer hätte
Auch nur im Traum geahndet und gedacht,
Da sie die Herde trieb auf unsern Bergen,
Dass wir in solcher Pracht sie würden schauen.
LOUISON. Der Traum des Vaters ist erfüllt, dass wir
Zu Reims uns vor der Schwester würden neigen.
Das ist die Kirche, die der Vater sah
Im Traum, und alles hat sich nun erfüllt.
Doch der Vater sah auch traurige Gesichte,
Ach, mich bekümmert's, sie so groß zu sehn!
BERTRAND.
Was stehn wir müßig hier? Kommt in die Kirche,
Die heil'ge Handlung anzusehn!
MARGOT. Ja kommt!
Vielleicht, dass wir der Schwester dort begegnen.
LOUISON. Wir haben sie gesehen, kehren wir
In unser Dorf zurück.
MARGOT. Was? Eh wir sie
Begrüßt und angeredet?
LOUISON. Sie gehört
Uns nicht mehr an, bei Fürsten ist ihr Platz
Und Königen – Wer sind wir, dass wir uns

Zu ihrem Glanze rühmend eitel drängen?
Sie war uns fremd, da sie noch unser war!
MARGOT. Wird sie sich unser schämen, uns verachten?
BERTRAND. Der König selber schämt sich unser nicht,
Er grüßte freundlich auch den Niedrigsten.
Sei sie so hoch gestiegen als sie will,
Der König ist doch größer!
(Trompeten und Pauken erschallen aus der Kirche.)
CLAUDE MARIE. Kommt zur Kirche!
(Sie eilen nach dem Hintergrund, wo sie sich unter dem Volke verlieren.)

ACHTER AUFTRITT

Thibaut kommt, schwarz gekleidet, Raimond folgt ihm und will ihn zurücke halten.)

RAIMOND.
Bleibt, Vater Thibaut! Bleibt aus dem Gedränge
Zurück! Hier seht Ihr lauter frohe Menschen,
Und Euer Gram beleidigt dieses Fest.
Kommt! Fliehn wir aus der Stadt mit eil'gen Schritten.
THIBAUT. Sahst du mein unglückselig Kind? Hast du
Sie recht betrachtet?
RAIMOND. O ich bitt Euch, flieht!
THIBAUT. Bemerktest du, wie ihre Schritte wankten,
Wie bleich und wie verstört ihr Antlitz war!
Die Unglückselige fühlt ihren Zustand,
Das ist der Augenblick, mein Kind zu retten,
Ich will ihn nutzen. *(Er will gehen.)*
RAIMOND. Bleibt! Was wollt Ihr tun?
THIBAUT. Ich will sie überraschen, will sie stürzen
Von ihrem eiteln Glück, ja mit Gewalt
Will ich zu ihrem Gott, dem sie entsagt,
Zurück sie führen.
RAIMOND. Ach! Erwägt es wohl!
Stürzt Euer eigen Kind nicht ins Verderben!
THIBAUT. Lebt ihre Seele nur, ihr Leib mag sterben.
(Johanna stürzt aus der Kirche heraus, ohne ihre Fahne, Volk dringt zu, adoriert sie und küsst ihre Kleider, sie wird durch das Gedränge im Hintergrunde aufgehalten.)

Sie kommt! Sie ist's! Bleich stürzt sie aus der Kirche,
Es treibt die Angst sie aus dem Heiligtum,
Das ist das göttliche Gericht, das sich
An ihr verkündiget! –

RAIMOND. Lebt wohl!
Verlangt nicht, dass ich länger Euch begleite!
Ich kam voll Hoffnung und ich geh voll Schmerz.
Ich habe Eure Tochter wieder gesehn,
Und fühle, dass ich sie auf's Neu verliere!
(Er geht ab. Thibaut entfernt sich auf der entgegengesetzten Seite.)

NEUNTER AUFTRITT

Johanna. Volk. Hernach ihre Schwestern.

JOHANNA *(hat sich des Volkes erwehrt und kommt vorwärts).*
Ich kann nicht bleiben – Geister jagen mich,
Wie Donner schallen mir der Orgel Töne,
Des Doms Gewölbe stürzen auf mich ein –
Des freien Himmels Weite muss ich suchen!
Die Fahne ließ ich in dem Heiligtum,
Nie, nie soll diese Hand sie mehr berühren!
– Mir war's, als hätt ich die geliebten Schwestern,
Margot und Louison, gleich einem Traum
An mir vorübergleiten sehen. – Ach!
Es war nur eine täuschende Erscheinung!
Fern sind sie, fern und unerreichbar weit,
Wie meiner Kindheit, meiner Unschuld Glück!

MARGOT *(hervortretend).*
Sie ist's, Johanna ist's.

LOUISON *(eilt ihr entgegen).*
O meine Schwester!

JOHANNA.
So war's kein Wahn – Ihr seid es – Ich umfass euch,
Dich meine Louison! Dich meine Margot!
Hier in der fremden menschenreichen Öde
Umfang ich die vertraute Schwesterbrust!

MARGOT.
Sie kennt uns noch, ist noch die gute Schwester.

JOHANNA. Und eure Liebe führt euch zu mir her
So weit, so weit! Ihr zürnt der Schwester nicht,

Die lieblos ohne Abschied euch verließ!
LOUISON. Dich führte Gottes dunkle Schickung fort.
MARGOT. Der Ruf von dir, der alle Welt bewegt,
Der deinen Namen trägt auf allen Zungen,
Hat uns erweckt in unserm stillen Dorf,
Und hergeführt zu dieses Festes Feier.
Wir kommen deine Herrlichkeit zu sehn,
Und wir sind nicht allein!
JOHANNA *(schnell).* Der Vater ist mit euch!
Wo, wo ist er? Warum verbirgt er sich?
MARGOT.
Der Vater ist nicht mit uns.
JOHANNA. Nicht? Er will sein Kind
Nicht sehn? Ihr bringt mir seinen Segen nicht?
LOUISON. Er weiß nicht, dass wir hier sind.
JOHANNA. Weiß es nicht!
Warum nicht? – Ihr verwirret euch? Ihr schweigt
Und seht zur Erde! Sagt, wo ist der Vater?
MARGOT.
Seitdem du weg bist –
LOUISON *(winkt ihr).* Margot!
MARGOT. Ist der Vater
Schwermütig worden.
JOHANNA. Schwermütig!
LOUISON. Tröste dich!
Du kennst des Vaters ahndungsvolle Seele!
Er wird sich fassen, sich zufrieden geben,
Wenn wir ihm sagen, dass du glücklich bist.
MARGOT. Du bist doch glücklich? Ja du musst es sein,
Da du so groß bist und geehrt!
JOHANNA. Ich bin's,
Da ich euch wieder sehe, eure Stimme
Vernehme, den geliebten Ton, mich heim
Erinnre an die väterliche Flur.
Da ich die Herde trieb auf unsern Höhen,
Da war ich glücklich wie im Paradies –
Kann ich's nicht wieder sein, nicht wieder werden!
(Sie verbirgt ihr Gesicht an Louisons Brust. Claude Marie, Etienne und Bertrand zeigen sich und bleiben schüchtern in der Ferne stehen.)
MARGOT. Kommt, Etienne! Bertrand! Claude Marie!
Die Schwester ist nicht stolz, sie ist so sanft
Und spricht so freundlich, als sie nie getan,

Da sie noch in dem Dorf mit uns gelebt.
(Jene treten näher und wollen ihr die Hand reichen. Johanna sieht sie mit starren Blicken an, und fällt in ein tiefes Staunen.)
JOHANNA. Wo war ich? Sagt mir! War das alles nur
Ein langer Traum und ich bin aufgewacht?
Bin ich hinweg aus Dom Remi? Nicht wahr!
Ich war entschlafen unterm Zauberbaum,
Und bin erwacht, und ihr steht um mich her,
Die wohl bekannten traulichen Gestalten?
Mir hat von diesen Königen und Schlachten
Und Kriegestaten nur geträumt – es waren
Nur Schatten, die an mir vorübergingen,
Denn lebhaft träumt sich's unter diesem Baum.
Wie kämet ihr nach Reims? Wie käm ich selbst
Hieher? Nie, nie verließ ich Dom Remi!
Gesteht mir's offen und erfreut mein Herz.
LOUISON. Wir sind zu Reims. Dir hat von diesen Taten
Nicht bloß geträumt, du hast sie alle wirklich
Vollbracht. – Erkenne dich, blick um dich her,
Befühle deine glänzend goldne Rüstung!
(Johanna fährt sich mit der Hand nach der Brust, besinnt sich und erschrickt.)
BERTRAND.
Aus meiner Hand empfingt Ihr diesen Helm.
CLAUDE MARIE.
Es ist kein Wunder, dass Ihr denkt zu träumen,
Denn was Ihr ausgerichtet und getan,
Kann sich im Traum nicht wunderbarer fügen.
JOHANNA *(schnell)*.
Kommt, lasst uns fliehn! Ich geh mit euch, ich kehre
In unser Dorf, in Vaters Schoß zurück.
LOUISON.
O komm! Komm mit uns!
JOHANNA. Diese Menschen alle
Erheben mich weit über mein Verdienst!
Ihr habt mich kindisch, klein und schwach gesehn,
Ihr liebt mich, doch ihr betet mich nicht an!
MARGOT. Du wolltest allen diesen Glanz verlassen!
JOHANNA. Ich werf ihn von mir, den verhassten Schmuck,
Der euer Herz von meinem Herzen trennt,
Und eine Hirtin will ich wieder werden.
Wie eine niedre Magd will ich euch dienen,
Und büßen will ich's mit der strengsten Buße,

Dass ich mich eitel über euch erhob!
(Trompeten erschallen.)

ZEHNTER AUFTRITT

Der König tritt aus der Kirche, er ist im Krönungsornat, Agnes Sorel, Erzbischof, Burgund, Dunois, La Hire, Du Chatel, Ritter, Hofleute und Volk.

ALLE STIMMEN *(rufen wiederholt, während dass der König vorwärts kommt).*
Es lebe der König! Karl der Siebente!
(Trompeten fallen ein. Auf ein Zeichen, das der König gibt, gebieten die Herolde mit erhobenem Stabe Stillschweigen.)

KÖNIG. Mein gutes Volk! Habt Dank für eure Liebe!
Die Krone, die uns Gott aufs Haupt gesetzt,
Durch's Schwert ward sie gewonnen und erobert,
Mit edelm Bürgerblut ist sie benetzt,
Doch friedlich soll der Ölzweig sie umgrünen.
Gedankt sei allen, die für uns gefochten,
Und allen, die uns widerstanden, sei
Verziehn, denn Gnade hat uns Gott erzeigt,
Und unser erstes Königswort sei – Gnade!

VOLK. Es lebe der König! Karl der Gütige!

KÖNIG. Von Gott allein, dem höchsten Herrschenden,
Empfangen Frankreichs Könige die Krone.
Wir aber haben sie sichtbarer Weise
Aus seiner Hand empfangen.
(Zur Jungfrau sich wendend.)
Hier steht die Gottgesendete, die euch
Den angestammten König wiedergab,
Das Joch der fremden Tyrannei zerbrochen!
Ihr Name soll dem heiligen Denis
Gleich sein, der dieses Landes Schützer ist,
Und ein Altar sich ihrem Ruhm erheben!

VOLK. Heil, Heil der Jungfrau, der Erretterin!
(Trompeten.)

KÖNIG *(zur Johanna).*
Wenn du von Menschen bist gezeugt wie wir,
So sage, welches Glück dich kann erfreuen;
Doch wenn dein Vaterland dort oben ist,
Wenn du die Strahlen himmlischer Natur

In diesem jungfräulichen Leib verhüllst,
So nimm das Band hinweg von unsern Sinnen
Und lass dich sehn in deiner Lichtgestalt,
Wie dich der Himmel sieht, dass wir anbetend
Im Staube dich verehren.

(Ein allgemeines Stillschweigen, jedes Auge ist auf die Jungfrau gerichtet.)

JOHANNA *(plötzlich aufschreiend).* Gott! Mein Vater!

ELFTER AUFTRITT

Die Vorigen. Thibaut tritt aus der Menge und steht Johanna gerade gegenüber.

MEHRERE STIMMEN. Ihr Vater!
THIBAUT. Ja, ihr jammervoller Vater,
Der die Unglückliche gezeugt, den Gottes
Gericht hertreibt, die eigne Tochter anzuklagen.
BURGUND. Ha! Was ist das!
DU CHATEL. Jetzt wird es schrecklich tagen!
THIBAUT *(zum König).*
Gerettet glaubst du dich durch Gottes Macht?
Betrogner Fürst! Verblendet Volk der Franken!
Du bist gerettet durch des Teufels Kunst.

(Alle treten mit Erstaunen zurück.)

DUNOIS. Rast dieser Mensch?
THIBAUT. Nicht ich, du aber rasest,
Und diese hier, und dieser weise Bischof,
Die glauben, dass der Herr der Himmel sich
Durch eine schlechte Magd verkünden werde.
Lass seh'n, ob sie auch in des Vaters Stirn
Der dreisten Lüge Gaukelspiel behauptet,
Womit sie Volk und König hinterging.
Antworte mir im Namen des Dreieinen,
Gehörst du zu den Heiligen und Reinen?

(Allgemeine Stille, alle Blicke sind auf sie gespannt, sie steht unbeweglich.)

SOREL.
Gott, sie verstummt!
THIBAUT. Das muss sie vor dem furchtbarn
Namen, der in der Hölle Tiefen selbst
Gefürchtet wird! – Sie eine Heilige,

Von Gott gesendet! – An verfluchter Stätte
Ward es ersonnen, unterm Zauberbaum,
Wo schon von alters her die bösen Geister
Den Sabbat halten – hier verkaufte sie
Dem Feind der Menschen ihr unsterblich Teil,
Dass er mit kurzem Weltruhm sie verherrliche.
Lasst sie den Arm aufstreifen, seht die Punkte,
Womit die Hölle sie gezeichnet hat!

BURGUND.
Entsetzlich! – Doch dem Vater muss man glauben,
Der wider seine eigne Tochter zeugt!

DUNOIS. Nein, nicht zu glauben ist dem Rasenden,
Der in dem eignen Kind sich selber schändet!

SOREL *(zur Johanna).*
O rede! Brich dies unglücksel'ge Schweigen!
Wir glauben dir! Wir trauen fest auf dich!
Ein Wort aus deinem Mund, ein einzig Wort
Soll uns genügen – Aber sprich! Vernichte
Die grässliche Beschuldigung – Erkläre,
Du seist unschuldig, und wir glauben dir.

(Johanna steht unbeweglich, Agnes Sorel tritt mit Entsetzen von ihr hinweg.)

LA HIRE. Sie ist erschreckt. Erstaunen und Entsetzen
Schließt ihr den Mund. – Vor solcher grässlichen
Anklage muss die Unschuld selbst erbeben.

(Er nähert sich ihr.)

Fass dich, Johanna. Fühle dich. Die Unschuld
Hat eine Sprache, einen Siegerblick,
Der die Verleumdung mächtig niederblitzt!
In edelm Zorn erhebe dich, blick auf,
Beschäme, strafe den unwürd'gen Zweifel,
Der deine heil'ge Tugend schmäht.

(Johanna steht unbeweglich, La Hire tritt entsetzt zurück, die Bewegung vermehrt sich.)

DUNOIS.
Was zagt das Volk? Was zittern selbst die Fürsten?
Sie ist unschuldig – Ich verbürge mich,
Ich selbst, für sie mit meiner Fürstenehre!
Hier werf ich meinen Ritterhandschuh hin,
Wer wagt's, sie eine Schuldige zu nennen?

(Ein heftiger Donnerschlag, alle stehen entsetzt.)

THIBAUT. Antworte bei dem Gott, der droben donnert!
Sprich, du seist schuldlos. Leugn' es, dass der Feind

In deinem Herzen ist, und straf mich Lügen!
(Ein zweiter, stärkerer Schlag, das Volk entflieht zu allen Seiten.)

BURGUND.
Gott schütz uns! Welche fürchterliche Zeichen!

DU CHATEL *(zum König).*
Kommt! Kommt, mein König! Fliehet diesen Ort!

ERZBISCHOF *(zur Johanna).*
Im Namen Gottes frag ich dich. Schweigst du
Aus dem Gefühl der Unschuld oder Schuld?
Wenn dieses Donners Stimme für dich zeugt,
So fasse dieses Kreuz und gib ein Zeichen!
(Johanna bleibt unbeweglich. Neue heftige Donnerschläge. Der König, Agnes Sorel, Erzbischof, Burgund, La Hire und Du Chatel gehen ab.)

ZWÖLFTER AUFTRITT

Dunois. Johanna.

DUNOIS.
Du bist mein Weib – Ich hab an dich geglaubt
Beim ersten Blick, und also denk ich noch.
Dir glaub ich mehr als diesen Zeichen allen,
Als diesem Donner selbst, der droben spricht.
Du schweigst in edelm Zorn, verachtest es,
In deine heil'ge Unschuld eingehüllt,
So schändlichen Verdacht zu widerlegen.
– Veracht es, aber *mir* vertraue dich,
An deiner Unschuld hab ich nie gezweifelt.
Sag mir kein Wort, die Hand nur reiche mir
Zum Pfand und Zeichen, dass du meinem Arme
Getrost vertraust und deiner guten Sache.
(Er reicht ihr die Hand hin, sie wendet sich mit einer zuckenden Bewegung von ihm hinweg; er bleibt in starrem Entsetzen stehen.)

DREIZEHNTER AUFTRITT

Johanna. Du Chatel. Dunois. Zuletzt Raimond.

DU CHATEL *(zurückkommend).*
Johanna d'Arc! Der König will erlauben,
Dass Ihr die Stadt verlasset ungekränkt.
Die Tore stehn Euch offen. Fürchtet keine
Beleidigung. Euch schützt des Königs Frieden –
Folgt mir, Graf Dunois – Ihr habt nicht Ehre,
Hier länger zu verweilen – Welch ein Ausgang!

(Er geht. Dunois fährt aus seiner Erstarrung auf, wirft noch einen Blick auf Johanna und geht ab. Diese steht einen Augenblick ganz allein. Endlich erscheint Raimond, bleibt eine Weile in der Ferne stehen, und betrachtet sie mit stillem Schmerz. Dann tritt er auf sie zu und fasst sie bei der Hand.)

RAIMOND.
Ergreift den Augenblick. Kommt! Kommt! Die Straßen
Sind leer! Gebt mir die Hand. Ich will Euch führen.

(Bei seinem Anblick gibt sie das erste Zeichen der Empfindung, sieht ihn starr an und blickt zum Himmel; dann ergreift sie ihn heftig bei der Hand und geht ab.)

FÜNFTER AUFZUG

Ein wilder Wald.
In der Ferne Köhlerhütten. Es ist ganz dunkel, heftiges Donnern und Blitzen, dazwischen Schießen.

ERSTER AUFTRITT

Köhler und Köhlerweib.

KÖHLER. Das ist ein grausam, mördrisch Ungewitter,
Der Himmel droht in Feuerbächen sich
Herabzugießen, und am hellen Tag
Ist's Nacht, dass man die Sterne könnte sehn.
Wie eine losgelassne Hölle tobt
Der Sturm, die Erde bebt und krachend beugen
Die alt verjährten Eschen ihre Krone.
Und dieser fürchterliche Krieg dort oben,
Der auch die wilden Tiere Sanftmut lehrt,
Dass sie sich zahm in ihre Gruben bergen,
Kann unter Menschen keinen Frieden stiften –
Aus dem Geheul der Winde und des Sturms
Heraus hört ihr das Knallen des Geschützes;
Die beiden Heere stehen sich so nah,
Dass nur der Wald sie trennt, und jede Stunde
Kann es sich blutig fürchterlich entladen.
KÖHLERWEIB. Gott steh uns bei! Die Feinde waren ja
Schon ganz auf's Haupt geschlagen und zerstreut,
Wie kommt's, dass sie auf's Neu uns ängstigen?
KÖHLER.
Das macht, weil sie den König nicht mehr fürchten.
Seitdem das Mädchen eine Hexe ward
Zu Reims, der böse Feind uns nicht mehr hilft,
Geht alles rückwärts.
KÖHLERWEIB. Horch! Wer naht sich da?

ZWEITER AUFTRITT

Raimond und Johanna zu den Vorigen.

RAIMOND.
Hier seh ich Hütten. Kommt, hier finden wir

Ein Obdach vor dem wüt'gen Sturm. Ihr haltet's
Nicht länger aus, drei Tage schon seid Ihr
Herumgeirrt, der Menschen Auge fliehend,
Und wilde Wurzeln waren Eure Speise.
(Der Sturm legt sich, es wird hell und heiter.)
Es sind mitleid'ge Köhler. Kommt herein.

KÖHLER. Ihr scheint der Ruhe zu bedürfen. Kommt!
Was unser schlechtes Dach vermag, ist euer.

KÖHLERWEIB.
Was will die zarte Jungfrau unter Waffen?
Doch freilich! Jetzt ist eine schwere Zeit,
Wo auch das Weib sich in den Panzer steckt!
Die Königin selbst, Frau Isabeau, sagt man,
Lässt sich gewaffnet sehn in Feindes Lager,
Und eine Jungfrau, eines Schäfers Dirn,
Hat für den König unsern Herrn gefochten.

KÖHLER. Was redet Ihr? Geht in die Hütte, bringt
Der Jungfrau einen Becher zur Erquickung.
(Köhlerweib geht nach der Hütte.)

RAIMOND *(zur Johanna).*
Ihr seht, es sind nicht alle Menschen grausam,
Auch in der Wildnis wohnen sanfte Herzen.
Erheitert Euch! Der Sturm hat ausgetobt,
Und friedlich strahlend geht die Sonne nieder.

KÖHLER. Ich denk, ihr wollt zu unsers Königs Heer,
Weil ihr in Waffen reiset – Seht euch vor!
Die Engelländer stehen nah gelagert,
Und ihre Scharen streifen durch den Wald.

RAIMOND.
Weh uns! Wie ist da zu entkommen?

KÖHLER. Bleibt,
Bis dass mein Bub zurück ist aus der Stadt.
Der soll euch auf verborgnen Pfaden führen,
Dass ihr nichts zu befürchten habt. Wir kennen
Die Schliche.

RAIMOND *(zur Johanna).*
Legt den Helm ab und die Rüstung,
Sie macht Euch kenntlich und beschützt Euch nicht.
(Johanna schüttelt den Kopf.)

KÖHLER.
Die Jungfrau ist sehr traurig – Still! Wer kommt da?

DRITTER AUFTRITT

Vorige. Köhlerweib kommt aus der Hütte mit einem Becher. Köhlerbub.

KÖHLERWEIB.
Es ist der Bub, den wir zurückerwarten.
(Zur Johanna.)
Trinkt, edle Jungfrau! Mög's Euch Gott gesegnen!
KÖHLER *(zu seinem Sohn).*
Kommst du, Anet? Was bringst du?
KÖHLERBUB *(hat die Jungfrau ins Auge gefasst, welche eben den Becher an den Mund setzt; er erkennt sie, tritt auf sie zu und reißt ihr den Becher vom Munde).*
Mutter! Mutter!
Was macht Ihr? Wen bewirtet Ihr? Das ist die Hexe
Von Orleans!
KÖHLER UND KÖHLERWEIB.
Gott sei uns gnädig!
(Bekreuzen sich und entfliehen.)

VIERTER AUFTRITT

Raimond. Johanna.

JOHANNA *(gefasst und sanft).*
Du siehst, mir folgt der Fluch, und alles flieht mich,
Sorg für dich selber und verlass mich auch.
RAIMOND.
Ich Euch verlassen! Jetzt! Und wer soll Euer
Begleiter sein?
JOHANNA. Ich bin nicht unbegleitet.
Du hast den Donner über mir gehört.
Mein Schicksal führt mich. Sorge nicht, ich werde
Ans Ziel gelangen, ohne dass ich's suche.
RAIMOND.
Wo wollt Ihr hin? Hier stehn die Engelländer,
Die Euch die grimmig blut'ge Rache schwuren –
Dort steh'n die Unsern, die Euch ausgestoßen,
Verbannt –
JOHANNA.
Mich wird nichts treffen, als was sein muss.

RAIMOND.
Wer soll Euch Nahrung suchen? Wer Euch schützen
Vor wilden Tieren und noch wildern Menschen?
Euch pflegen, wenn Ihr krank und elend werdet?
JOHANNA. Ich kenne alle Kräuter, alle Wurzeln,
Von meinen Schafen lernt' ich das Gesunde
Vom Gift'gen unterscheiden – ich verstehe
Den Lauf der Sterne und der Wolken Zug
Und die verborgnen Quellen hör ich rauschen.
Der Mensch braucht wenig und an Leben reich
Ist die Natur.
RAIMOND *(fasst sie bei der Hand).*
Wollt Ihr nicht in Euch gehn?
Euch nicht mit Gott versöhnen – in den Schoß
Der heil'gen Kirchen reuend wiederkehren?
JOHANNA.
Auch du hältst mich der schweren Sünde schuldig?
RAIMOND.
Muss ich nicht? Euer schweigendes Geständnis –
JOHANNA. Du, der mir in das Elend nachgefolgt,
Das einz'ge Wesen, das mir treu geblieben,
Sich an mich kettet, da mich alle Welt
Ausstieß, du hältst mich auch für die Verworfne,
Die ihrem Gott entsagt –
(Raimond schweigt.)
O das ist hart!
RAIMOND *(erstaunt).*
Ihr wäret wirklich keine Zauberin?
JOHANNA.
Ich eine Zauberin!
RAIMOND. Und diese Wunder,
Ihr hättet sie vollbracht mit Gottes Kraft
Und seiner Heiligen?
JOHANNA. Mit welcher sonst!
RAIMOND. Und Ihr verstummtet auf die grässliche
Beschuldigung? – Ihr redet jetzt, und vor dem König,
Wo es zu reden galt, verstummtet Ihr!
JOHANNA.
Ich unterwarf mich schweigend dem Geschick,
Das Gott, mein Meister, über mich verhängte.
RAIMOND. Ihr konntet Eurem Vater nichts erwidern!
JOHANNA. Weil es vom Vater kam, so kam's von Gott,
Und väterlich wird auch die Prüfung sein.

RAIMOND. Der Himmel selbst bezeugte Eure Schuld!
JOHANNA.
Der Himmel sprach, drum schwieg ich.
RAIMOND. Wie? Ihr konntet
Mit einem Wort Euch reinigen, und ließt
Die Welt in diesem unglücksel'gen Irrtum?
JOHANNA. Es war kein Irrtum, eine Schickung war's.
RAIMOND. Ihr littet alle diese Schmach unschuldig,
Und keine Klage kam von Euren Lippen!
– Ich staune über Euch, ich steh erschüttert,
Im tiefsten Busen kehrt sich mir das Herz!
O gerne nehm ich Euer Wort für Wahrheit,
Denn schwer ward mir's, an Eure Schuld zu glauben.
Doch konnt' ich träumen, dass ein menschlich Herz
Das Ungeheure schweigend würde tragen!
JOHANNA. Verdient ich's, die Gesendete zu sein,
Wenn ich nicht blind des Meisters Willen ehrte!
Und ich bin nicht so elend, als du glaubst.
Ich leide Mangel, doch das ist kein Unglück
Für meinen Stand, ich bin verbannt und flüchtig,
Doch in der Öde lernt' ich mich erkennen.
Da, als der Ehre Schimmer mich umgab,
Da war der Streit in meiner Brust, ich war
Die Unglückseligste, da ich der Welt
Am meisten zu beneiden schien – Jetzt bin ich
Geheilt, und dieser Sturm in der Natur,
Der ihr das Ende drohte, war mein Freund,
Er hat die Welt gereinigt und auch mich.
In mir ist Friede – Komme, was da will,
Ich bin mir keiner Schwachheit mehr bewusst!
RAIMOND.
O kommt, kommt, lasst uns eilen, Eure Unschuld
Laut, laut vor aller Welt zu offenbaren!
JOHANNA. Der die Verwirrung sandte, wird sie lösen!
Nur wenn sie reif ist, fällt des Schicksals Frucht!
Ein Tag wird kommen, der mich reiniget.
Und die mich jetzt verworfen und verdammt,
Sie werden ihres Wahnes inne werden,
Und Tränen werden meinem Schicksal fließen.
RAIMOND. Ich sollte schweigend dulden, bis der Zufall –
JOHANNA *(ihn sanft bei der Hand fassend)*.
Du siehst nur das Natürliche der Dinge,
Denn deinen Blick umhüllt das ird'sche Band.

Ich habe das Unsterbliche mit Augen
Gesehen – ohne Götter fällt kein Haar
Vom Haupt des Menschen – Siehst du dort die Sonne
Am Himmel niedergehen – So gewiss
Sie morgen wiederkehrt in ihrer Klarheit,
So unausbleiblich kommt der Tag der Wahrheit!

FÜNFTER AUFTRITT

Die Vorigen. Königin Isabeau mit Soldaten erscheint im Hintergrund.

ISABEAU *(noch hinter der Szene).*
Dies ist der Weg ins engelländ'sche Lager!
RAIMOND.
Weh uns! die Feinde!
(Soldaten treten auf, bemerken im Herankommen die Johanna und taumeln erschrocken zurück.)
ISABEAU. Nun! Was hält der Zug!
SOLDATEN.
Gott steh' uns bei!
ISABEAU. Erschreckt euch ein Gespenst?
Seid Ihr Soldaten? Memmen seid ihr! – Wie?
(Sie drängt sich durch die andern, tritt hervor und fährt zurück, wie sie die Jungfrau erblickt.)
Was seh ich! Ha!
(Schnell fasst sie sich und tritt ihr entgegen.)
Ergib dich! Du bist meine
Gefangene.
JOHANNA. Ich bin's.
(Raimond entflieht mit Zeichen der Verzweiflung.)
ISABEAU *(zu den Soldaten).* Legt sie in Ketten!
(Die Soldaten nahen sich der Jungfrau schüchtern, sie reicht den Arm hin und wird gefesselt.)
Ist das die Mächtige, Gefürchtete,
Die eure Scharen wie die Lämmer scheuchte,
Die jetzt sich selber nicht beschützen kann?
Tut sie nur Wunder, wo man Glauben hat,
Und wird zum Weib, wenn ihr ein Mann begegnet?
(Zur Jungfrau.)
Warum verließest du dein Heer? Wo bleibt
Graf Dunois, dein Ritter und Beschützer?

JOHANNA. Ich bin verbannt.
ISABEAU *(erstaunt zurücktretend).*
Was? Wie? Du bist verbannt?
Verbannt vom Dauphin!
JOHANNA. Frage nicht! Ich bin
In deiner Macht, bestimme mein Geschick.
ISABEAU.
Verbannt, weil du vom Abgrund ihn gerettet,
Die Krone ihm hast aufgesetzt zu Reims,
Zum König über Frankreich ihn gemacht?
Verbannt! Daran erkenn ich meinen Sohn!
– Führt sie ins Lager. Zeiget der Armee
Das Furchtgespenst, vor dem sie so gezittert!
Sie eine Zauberin! Ihr ganzer Zauber
Ist euer Wahn und euer feiges Herz!
Eine Närrin ist sie, die für ihren König
Sich opferte, und jetzt den Königslohn
Dafür empfängt – Bringt sie zu Lionel –
Das Glück der Franken send ich ihm gebunden,
Gleich folg ich selbst.
JOHANNA. Zu Lionel! Ermorde mich
Gleich hier, eh du zu Lionel mich sendest.
ISABEAU *(zu den Soldaten).*
Gehorchet dem Befehle. Fort mit ihr! *(Geht ab.)*

SECHSTER AUFTRITT

Johanna. Soldaten.

JOHANNA *(zu den Soldaten).*
Engländer, duldet nicht, dass ich lebendig
Aus eurer Hand entkomme! Rächet euch!
Zieht eure Schwerter, taucht sie mir ins Herz,
Reißt mich entseelt zu eures Feldherrn Füßen!
Denkt, dass ich's war, die eure Trefflichsten
Getötet, die kein Mitleid mit euch trug,
Die ganze Ströme engelländ'schen Bluts
Vergossen, euren tapfern Heldensöhnen
Den Tag der frohen Wiederkehr geraubt!
Nehmt eine blut'ge Rache! Tötet mich!
Ihr habt mich jetzt, nicht immer möchtet ihr
So schwach mich sehn –

ANFÜHRER DER SOLDATEN.
Tut, was die Königin befahl!
JOHANNA. Sollt ich
Noch unglücksel'ger werden, als ich war!
Furchtbare Heil'ge! deine Hand ist schwer!
Hast du mich ganz aus deiner Huld verstoßen?
Kein Gott erscheint, kein Engel zeigt sich mehr,
Die Wunder ruhn, der Himmel ist verschlossen.
(Sie folgt den Soldaten.)

SIEBENTER AUFTRITT

Das französische Lager.

Dunois zwischen dem Erzbischof und Du Chatel.

ERZBISCHOF.
Bezwinget Euern finstern Unmut, Prinz!
Kommt mit uns! Kehrt zurück zu Euerm König!
Verlasset nicht die allgemeine Sache
In diesem Augenblick, da wir auf's Neu
Bedränget, Eures Heldenarms bedürfen.
DUNOIS.
Warum sind wir bedrängt? Warum erhebt
Der Feind sich wieder? Alles war getan,
Frankreich war siegend und der Krieg geendigt.
Die Retterin habt ihr verbannt, nun rettet
Euch selbst! Ich aber will das Lager
Nicht wieder sehen, wo sie nicht mehr ist.
DU CHATEL.
Nehmt bessern Rat an, Prinz. Entlasst uns nicht
Mit einer solchen Antwort!
DUNOIS. Schweigt, Du Chatel!
Ich hasse Euch, von Euch will ich nichts hören.
Ihr seid es, der zuerst an ihr gezweifelt.
ERZBISCHOF.
Wer ward nicht irr an ihr und hätte nicht
Gewankt an diesem unglücksel'gen Tage,
Da alle Zeichen gegen sie bewiesen!
Wir waren überrascht, betäubt, der Schlag
Traf zu erschütternd unser Herz – Wer konnte
In dieser Schreckensstunde prüfend wägen?

Jetzt kehrt uns die Besonnenheit zurück,
Wir sehn sie, wie sie unter uns gewandelt,
Und keinen Tadel finden wir an ihr.
Wir sind verwirrt – wir fürchten schweres Unrecht
Getan zu haben. – Reue fühlt der König,
Der Herzog klagt sich an, La Hire ist trostlos,
Und jedes Herz hüllt sich in Trauer ein.

DUNOIS.
Sie eine Lügnerin! Wenn sich die Wahrheit
Verkörpern will in sichtbarer Gestalt,
So muss sie ihre Züge an sich tragen!
Wenn Unschuld, Treue, Herzensreinigkeit
Auf Erden irgend wohnt – auf ihren Lippen,
In ihren klaren Augen muss sie wohnen!

ERZBISCHOF.
Der Himmel schlage durch ein Wunder sich
Ins Mittel, und erleuchte dies Geheimnis,
Das unser sterblich Auge nicht durchdringt –
Doch wie sich's auch entwirren mag und lösen,
Eins von den beiden haben wir verschuldet!
Wir haben uns mit höll'schen Zauberwaffen
Verteidigt oder eine Heilige verbannt!
Und beides ruft des Himmels Zorn und Strafen
Herab auf dieses unglücksel'ge Land!

ACHTER AUFTRITT

Ein Edelmann zu den Vorigen, hernach Raimond.

EDELMANN.
Ein junger Schäfer fragt nach deiner Hoheit,
Er fodert dringend, mit dir selbst zu reden,
Er komme, sagt er, von der Jungfrau –

DUNOIS. Eile!
Bring ihn herein! Er kommt von ihr!
(Edelmann öffnet dem Raimond die Türe, Dunois eilt ihm entgegen.)
Wo ist sie?
Wo ist die Jungfrau?

RAIMOND. Heil Euch, edler Prinz,
Und Heil mir, dass ich diesen frommen Bischof,
Den heil'gen Mann, den Schirm der Unterdrückten,

Den Vater der Verlassnen bei Euch finde!
DUNOIS. Wo ist die Jungfrau?
ERZBISCHOF. Sag es uns, mein Sohn!
RAIMOND. Herr, sie ist keine schwarze Zauberin!
Bei Gott und allen Heiligen bezeug ich's.
Im Irrtum ist das Volk. Ihr habt die Unschuld
Verbannt, die Gottgesendete verstoßen!
DUNOIS. Wo ist sie? Sage!
RAIMOND. Ihr Gefährte war ich
Auf ihrer Flucht in dem Ardennerwald,
Mir hat sie dort ihr Innerstes gebeichtet.
In Martern will ich sterben, meine Seele
Hab keinen Anteil an dem ew'gen Heil,
Wenn sie nicht rein ist, Herr, von aller Schuld!
DUNOIS.
Die Sonne selbst am Himmel ist nicht reiner!
Wo ist sie? Sprich!
RAIMOND. O wenn Euch Gott das Herz
Gewendet hat – so eilt! so rettet sie!
Sie ist gefangen bei den Engelländern.
DUNOIS. Gefangen! Was!
ERZBISCHOF. Die Unglückselige!
RAIMOND.
In den Ardennen, wo wir Obdach suchten,
Ward sie ergriffen von der Königin,
Und in der Engelländer Hand geliefert.
O rettet sie, die euch gerettet hat,
Von einem grausenvollen Tode!
DUNOIS.
Zu den Waffen! Auf! Schlagt Lärmen! Rührt die Trommeln!
Führt alle Völker ins Gefecht! Ganz Frankreich
Bewaffne sich! Die Ehre ist verpfändet,
Die Krone, das Palladium entwendet,
Setzt alles Blut! Setzt euer Leben ein!
Frei muss sie sein, noch eh der Tag sich endet! *(Gehen ab.)*

NEUNTER AUFTRITT

Ein Wartturm. Oben eine Öffnung.

Johanna und Lionel. Fastolf. Isabeau.

FASTOLF *(eilig hereintretend).*
Das Volk ist länger nicht zu bändigen.
Sie fodern wütend, dass die Jungfrau sterbe.
Ihr widersteht vergebens. Tötet sie,
Und werft ihr Haupt von dieses Turmes Zinnen,
Ihr fließend Blut allein versöhnt das Heer.
ISABEAU *(kommt).*
Sie setzen Leitern an, sie laufen Sturm!
Befriediget das Volk. Wollt Ihr erwarten,
Bis sie den ganzen Turm in blinder Wut
Umkehren und wir alle mit verderben?
Ihr könnt sie nicht beschützen, gebt sie hin.
LIONEL. Lasst sie anstürmen! Lasst sie wütend toben!
Dies Schloss ist fest, und unter seinen Trümmern
Begrab ich mich, eh mich ihr Wille zwingt.
– Antworte mir, Johanna! Sei die Meine,
Und gegen eine Welt beschütz ich dich.
ISABEAU. Seid Ihr ein Mann?
LIONEL. Verstoßen haben dich
Die Deinen, aller Pflichten bist du ledig
Für dein unwürdig Vaterland. Die Feigen,
Die um dich warben, sie verließen dich,
Sie wagten nicht den Kampf um deine Ehre.
Ich aber, gegen mein Volk und das deine
Behaupt ich dich. – Einst ließest du mich glauben,
Dass dir mein Leben teuer sei! Und damals
Stand ich im Kampf als Feind dir gegenüber –
Jetzt hast du keinen Freund als mich!
JOHANNA. Du bist
Der Feind mir, der verhasste, meines Volks.
Nichts kann gemein sein zwischen dir und mir.
Nicht lieben kann ich dich, doch wenn dein Herz
Sich zu mir neigt, so lass es Segen bringen
Für unsre Völker. – Führe deine Heere
Hinweg von meines Vaterlandes Boden,
Die Schlüssel aller Städte gib heraus,
Die ihr bezwungen, allen Raub vergüte,

Gib die Gefangnen ledig, sende Geiseln
Des heiligen Vertrags, so biet ich dir
Den Frieden an in meines Königs Namen.
ISABEAU. Willst du in Banden uns Gesetze geben?
JOHANNA. Tu es bei Zeiten, denn du musst es doch.
Frankreich wird nimmer Englands Fesseln tragen.
Nie, nie wird das geschehen! Eher wird es
Ein weites Grab für eure Heere sein.
Gefallen sind euch eure Besten, denkt
Auf eine sichre Rückkehr, euer Ruhm
Ist doch verloren, eure Macht ist hin.
ISABEAU. Könnt Ihr den Trotz der Rasenden ertragen?

ZEHNTER AUFTRITT

Die Vorigen. Ein Hauptmann kommt eilig.

HAUPTMANN.
Eilt, Feldherr, eilt, das Heer zur Schlacht zu stellen,
Die Franken rücken an mit fliegenden Fahnen,
Von ihren Waffen blitzt das ganze Tal.
JOHANNA *(begeistert).*
Die Franken rücken an! Jetzt, stolzes England,
Heraus ins Feld, jetzt gilt es frisch zu fechten!
FASTOLF. Unsinnige, bezähme deine Freude!
Du wirst das Ende dieses Tags nicht sehn.
JOHANNA.
Mein Volk wird siegen und ich werde sterben,
Die Tapfern brauchen meines Arms nicht mehr.
LIONEL. Ich spotte dieser Weichlinge! Wir haben
Sie vor uns her gescheucht in zwanzig Schlachten,
Eh dieses Heldenmädchen für sie stritt!
Das ganze Volk veracht ich bis auf e i n e,
Und diese haben sie verbannt. – Kommt, Fastolf!
Wir wollen ihnen einen zweiten Tag
Bei Crequi und Poitiers bereiten.
Ihr, Königin, bleibt in diesem Turm, bewacht
Die Jungfrau, bis das Treffen sich entschieden,
Ich lass Euch funfzig Ritter zur Bedeckung.
FASTOLF.
Was? Sollen wir dem Feind entgegengehn
Und diese Wütende im Rücken lassen?

JOHANNA.
Erschreckt dich ein gefesselt Weib?
LIONEL. Gib mir
Dein Wort, Johanna, dich nicht zu befreien!
JOHANNA. Mich zu befreien ist mein einz'ger Wunsch.
ISABEAU. Legt ihr dreifache Fesseln an. Mein Leben
Verbürg ich, dass sie nicht entkommen soll.
(Sie wird mit schweren Ketten um den Leib und um die Arme gefesselt.)
LIONEL *(zur Johanna).*
Du willst es so! Du zwingst uns! Noch steht's bei dir!
Entsage Frankreich! Trage Englands Fahne,
Und du bist frei, und diese Wütenden,
Die jetzt dein Blut verlangen, dienen dir!
FASTOLF *(dringend).*
Fort, fort, mein Feldherr!
JOHANNA. Spare deine Worte!
Die Franken rücken an, verteid'ge dich!
(Trompeten ertönen, Lionel eilt fort.)
FASTOLF. Ihr wisst, was Ihr zu tun habt, Königin!
Erklärt das Glück sich gegen uns, seht Ihr,
Dass unsre Völker fliehen –
ISABEAU *(einen Dolch ziehend).*
Sorget nicht!
Sie soll nicht leben, unsern Fall zu sehn.
FASTOLF *(zur Johanna).*
Du weißt, was dich erwartet. Jetzt erflehe
Glück für die Waffen deines Volks! *(Er geht ab.)*

ELFTER AUFTRITT

Isabeau. Johanna. Soldaten.

JOHANNA. Das will ich!
Daran soll niemand mich verhindern. – Horch!
Das ist der Kriegsmarsch meines Volks! Wie mutig
Er in das Herz mir schallt und Sieg verkündend!
Verderben über England! Sieg den Franken!
Auf, meine Tapfern! Auf! Die Jungfrau ist
Euch nah, sie kann nicht vor euch her wie sonst
Die Fahne tragen – schwere Bande fesseln sie,
Doch frei aus ihrem Kerker schwingt die Seele

Sich auf den Flügeln eures Kriegsgesangs.
ISABEAU *(zu einem Soldaten).*
Steig auf die Warte dort, die nach dem Feld
Hin sieht, und sag uns, wie die Schlacht sich wendet.
(Soldat steigt hinauf.)
JOHANNA.
Mut, Mut, mein Volk! Es ist der letzte Kampf!
Den einen Sieg noch, und der Feind liegt nieder.
ISABEAU. Was siehest du?
SOLDAT. Schon sind sie aneinander.
Ein Wütender auf einem Barberross,
Im Tigerfell, sprengt vor mit den Gendarmen.
JOHANNA.
Das ist Graf Dunois! Frisch, wack're Streiter!
Der Sieg ist mit dir!
SOLDAT. Der Burgunder greift
Die Brücke an.
ISABEAU. Dass zehen Lanzen ihm
Ins falsche Herz eindrängen, dem Verräter!
SOLDAT. Lord Fastolf tut ihm mannhaft Widerstand.
Sie sitzen ab, sie kämpfen Mann für Mann.
Des Herzogs Leute und die unsrigen.
ISABEAU.
Siehst du den Dauphin nicht? Erkennst du nicht
Die königlichen Zeichen?
SOLDAT. Alles ist
In Staub vermengt. Ich kann nichts unterscheiden.
JOHANNA. Hätt er mein Auge oder stünd ich oben,
Das Kleinste nicht entginge meinem Blick!
Das wilde Huhn kann ich im Fluge zählen,
Den Falk erkenn ich in den höchsten Lüften.
SOLDAT. Am Graben ist ein fürchterlich Gedräng,
Die Größten, scheint's, die Ersten kämpfen dort.
ISABEAU. Schwebt unsre Fahne noch?
SOLDAT. Hoch flattert sie.
JOHANNA.
Könnt ich nur durch der Mauer Ritze schauen,
Mit meinem Blick wollt ich die Schlacht regieren!
SOLDAT.
Weh mir! Was seh ich! Unser Feldherr ist
Umzingelt!
ISABEAU *(zückt den Dolch auf Johanna).*
Stirb, Unglückliche!

SOLDAT *(schnell).* Er ist
Befreit. Im Rücken fasst der tapfere Fastolf
Den Feind – er bricht in seine dichtsten Scharen.
ISABEAU *(zieht den Dolch zurück).*
Das sprach dein Engel!
SOLDAT. Sieg! Sieg! Sie entfliehen!
ISABEAU. Wer flieht?
SOLDAT. Die Franken, die Burgunder fliehn,
Bedeckt mit Flüchtigen ist das Gefilde.
JOHANNA.
Gott! Gott! So sehr wirst du mich nicht verlassen!
SOLDAT. Ein schwer Verwundeter wird dort geführt.
Viel Volk sprengt ihm zu Hülf, es ist ein Fürst.
ISABEAU. Der Unsern einer oder Fränkischen?
SOLDAT. Sie lösen ihm den Helm, Graf Dunois ist's.
JOHANNA *(greift mit krampfhafter Anstrengung in ihre Ketten).*
Und ich bin nichts als ein gefesselt Weib!
SOLDAT.
Sieh! Halt! Wer trägt den himmelblauen Mantel,
Verbrämt mit Gold?
JOHANNA *(lebhaft).* Das ist mein Herr, der König!
SOLDAT.
Sein Ross wird scheu – es überschlägt sich – stürzt,
Er windet schwer arbeitend sich hervor –
(Johanna begleitet diese Worte mit leidenschaftlichen Bewegungen.)
Die Unsern nahen schon in vollem Lauf –
Sie haben ihn erreicht – umringen ihn –
JOHANNA. O hat der Himmel keine Engel mehr!
ISABEAU *(hohnlachend).*
Jetzt ist es Zeit! Jetzt, Retterin, errette!
JOHANNA *(stürzt auf die Knie, mit gewaltsam heftiger Stimme betend).*
Höre mich, Gott, in meiner höchsten Not,
Hinauf zu dir, in heißem Flehenswunsch,
In deine Himmel send ich meine Seele.
Du kannst die Fäden eines Spinngewebs
Stark machen wie die Taue eines Schiffs,
Leicht ist es deiner Allmacht, eh'rne Bande
In dünnes Spinngewebe zu verwandeln –
Du willst und diese Ketten fallen ab,
Und diese Turmwand spaltet sich – du halfst

Dem Simson, da er blind war und gefesselt,
Und seiner stolzen Feinde bittern Spott
Erduldete. – Auf dich vertrauend fasst' er
Die Pfosten seines Kerkers mächtig an,
Und neigte sich und stürzte das Gebäude

SOLDAT. Triumph! Triumph!

ISABEAU. Was ist's?

SOLDAT. Der König ist
Gefangen!

JOHANNA *(springt auf).*
So sei Gott mir gnädig!

(Sie hat ihre Ketten mit beiden Händen kraftvoll gefasst und zerrissen. In diesem Augenblick stürzt sie sich auf den nächststehenden Soldaten, entreißt ihm sein Schwert und eilt hinaus. Alle sehen ihr mit starrem Erstaunen nach.)

ZWÖLFTER AUFTRITT

Vorige ohne Johanna.

ISABEAU *(nach einer langen Pause).*
Was war das? Träumte mir? Wo kam sie hin?
Wie brach sie diese zentnerschweren Bande?
Nicht glauben würd ich's einer ganzen Welt,
Hätt ich's nicht selbst geseh'n mit meinen Augen.

SOLDAT *(auf der Warte).*
Wie? Hat sie Flügel? Hat der Sturmwind sie
Hinabgeführt?

ISABEAU. Sprich, ist sie unten?

SOLDAT. Mitten
Im Kampfe schreitet sie – Ihr Lauf ist schneller
Als mein Gesicht – Jetzt ist sie hier – jetzt dort –
Ich sehe sie zugleich an vielen Orten!
– Sie teilt die Haufen – Alles weicht vor ihr,
Die Franken stehn, sie stellen sich aufs Neu!
– Weh mir! Was seh ich! Unsre Völker werfen
Die Waffen von sich, unsre Fahnen sinken –

ISABEAU. Was? Will sie uns den sichern Sieg entreißen?

SOLDAT.
Grad auf den König dringt sie an – Sie hat ihn
Erreicht – Sie reißt ihn mächtig aus dem Kampf.
– Lord Fastolf stürzt – Der Feldherr ist gefangen.

ISABEAU. Ich will nicht weiter hören. Komm herab.
SOLDAT. Flieht, Königin! Ihr werdet überfallen.
Gewaffnet Volk dringt an den Turm heran.
(Er steigt herunter.)
ISABEAU *(das Schwert ziehend).*
So fechtet, Memmen!

DREIZEHNTER AUFTRITT

Vorige. La Hire mit Soldaten kommt. Bei seinem Eintritt streckt das Volk der Königin die Waffen.

LA HIRE *(naht ihr ehrerbietig).*
Königin, unterwerft Euch
Der Allmacht – Eure Ritter haben sich
Ergeben, aller Widerstand ist unnütz!
– Nehmt meine Dienste an. Befehlt, wohin
Ihr wollt begleitet sein.
ISABEAU. Jedweder Ort
Gilt gleich, wo ich dem Dauphin nicht begegne.
(Gibt ihr Schwert ab und folgt ihm mit den Soldaten.)

VIERZEHNTER AUFTRITT

Die Szene verwandelt sich in das Schlachtfeld.

Soldaten mit fliegenden Fahnen erfüllen den Hintergrund. Vor ihnen der König und der Herzog von Burgund; in den Armen beider Fürsten liegt Johanna tödlich verwundet, ohne Zeichen des Lebens. Sie treten langsam vorwärts. Agnes Sorel stürzt herein.

SOREL *(wirft sich an des Königs Brust).*
Ihr seid befreit – Ihr lebt – Ich hab Euch wieder!
KÖNIG. Ich bin befreit – Ich bin's um diesen Preis!
(Zeigt auf Johanna.)
SOREL. Johanna! Gott! Sie stirbt!
BURGUND. Sie hat geendet!
Seht einen Engel scheiden! Seht, wie sie da liegt,
Schmerzlos und ruhig wie ein schlafend Kind!
Des Himmels Friede spielt um ihre Züge,

Kein Atem hebt den Busen mehr, doch Leben
Ist noch zu spüren in der warmen Hand.
KÖNIG. Sie ist dahin – Sie wird nicht mehr erwachen,
Ihr Auge wird das Ird'sche nicht mehr schauen.
Schon schwebt sie droben ein verklärter Geist,
Sieht unsern Schmerz nicht mehr und unsre Reue.
SOREL. Sie schlägt die Augen auf, sie lebt!
BURGUND *(erstaunt)*. Kehrt sie
Uns aus dem Grab zurück? Zwingt sie den Tod?
Sie richtet sich empor! Sie steht!
JOHANNA *(steht ganz aufgerichtet und schaut umher)*.
Wo bin ich?
BURGUND. Bei deinem Volk, Johanna! Bei den Deinen!
KÖNIG. In deiner Freunde, deines Königs Armen!
JOHANNA *(nachdem sie ihn lange starr angesehen)*.
Nein, ich bin keine Zauberin! Gewiss,
Ich bin's nicht.
KÖNIG. Du bist heilig wie die Engel,
Doch unser Auge war mit Nacht bedeckt.
JOHANNA *(sieht heiter lächelnd umher)*.
Und ich bin wirklich unter meinem Volk,
Und bin nicht mehr verachtet und verstoßen?
Man flucht mir nicht, man sieht mich gütig an?
– Ja jetzt erkenn ich deutlich alles wieder!
Das ist mein König! Das sind Frankreichs Fahnen!
Doch meine Fahne seh ich nicht – Wo ist sie?
Nicht ohne meine Fahne darf ich kommen,
Von meinem Meister ward sie mir vertraut,
Vor seinem Thron muss ich sie niederlegen,
Ich darf sie zeigen, denn ich trug sie treu.
KÖNIG *(mit abgewandtem Gesicht)*.
Gebt ihr die Fahne!
(Man reicht sie ihr. Sie steht ganz frei aufgerichtet, die Fahne in der Hand. – Der Himmel ist von einem rosigen Schein beleuchtet.)
JOHANNA. Seht ihr den Regenbogen in der Luft?
Der Himmel öffnet seine goldnen Tore,
Im Chor der Engel steht sie glänzend da,
Sie hält den ew'gen Sohn an ihrer Brust,
Die Arme streckt sie lächelnd mir entgegen.
Wie wird mir – Leichte Wolken heben mich –
Der schwere Panzer wird zum Flügelkleide.
Hinauf – hinauf – Die Erde flieht zurück –
Kurz ist der Schmerz und ewig ist die Freude!

(Die Fahne entfällt ihr, sie sinkt tot darauf nieder – Alle stehen lange in sprachloser Rührung – Auf einen leisen Wink des Königs werden alle Fahnen sanft auf sie niedergelassen, dass sie ganz davon bedeckt wird.)

NACHWORT

Und jetzt an des Jahrhunderts ernstem Ende,
Wo selbst die Wirklichkeit zur Dichtung wird,
Wo wir den Kampf gewaltiger Naturen
Um ein bedeutend Ziel vor Augen sehen,
Und um der Menschheit große Gegenstände,
Um Herrschaft und um Freiheit wird gerungen –
Jetzt darf die Kunst auf ihrer Schattenbühne
Auch höhern Flug versuchen, ja sie muss,
Soll nicht des Lebens Bühne sie beschämen.

Die vorangestellten Verse aus dem „Wallenstein" umschreiben Schillers Erlebnis der sehr bewegten politischen Geschichte, die das letzte Jahrzehnt seines Schaffens – die Jahre von 1795 bis 1805 – entscheidend mitbestimmt. Diesem Gefühl für die Bedeutung des Zeitgeschehens und dem Willen, mitzuwirken an der Gestaltung dieses Geschehens, verdanken alle seine Dichtungen dieser Jahre ihren Antrieb und ihr Gewicht. Es ist die klassische Zeit der großen historischen Dramen vom „Wallenstein" bis zum Demetriusfragment. Die Entstehung der „Jungfrau von Orleans" fällt in die Mitte dieses Zeitabschnitts: in die Monate vom Juli 1800 bis zum April 1801. Auch in diesem Drama handelt es sich um „der Menschheit große Gegenstände", um „Herrschaft" und um „Freiheit", und es wird sich zeigen, wie gerade hier das Hineinwirken der Freiheit und des Unbedingten in die Welt bedingten Geschehens zur eigentlichen Aufgabe wird.

Die historischen Ereignisse, die der „Jungfrau von Orleans" zugrunde liegen, gehören in die große Auseinandersetzung, die sich während des europäischen Mittelalters zwischen Frankreich und England und innerhalb Frankreichs vollzieht: in die Zeit des so genannten hundertjährigen Krieges. Seine letzten Ursprünge liegen weit zurück. Seit der Invasion der romanisierten Normannen im 11. Jahrhundert ist die Entwicklung der englischen Geschichte mit der Frankreichs verflochten. Die in England zur Herrschaft gelangten Normannen und ihre Nachfolger werden durch ihre französischen Besitzungen und durch die Bedeutung der reich entwickelten festländischen Provinzen für die eigene Macht und Wirtschaft immer wieder zu einer Eroberungspolitik gegen Frankreich getrieben.

Ein Wechsel in der Dynastie Frankreichs 1328 führt zu Ansprüchen des englischen Königs auf den französischen Thron; 1339 erfolgt deswegen eine englische Kriegserklärung. Damit beginnt der hundertjährige Krieg, der mit Unterbrechungen bis 1453 dauert. Er verläuft in zwei Abschnitten, zwischen denen um die Jahrhundertwende eine 35-jährige Ruhepause liegt. In beiden Perioden konnte sich Frankreich nach schweren Niederlagen schließlich behaupten.

Der zweite Abschnitt des Krieges beginnt 1413 mit dem Eingreifen des englischen Königs Heinrich V. in die Machtkämpfe zwischen den Häusern Orleans und Burgund. Es kommt mit Hilfe und auf Betreiben Burgunds zur Übertragung des französischen Königtums auf Heinrich

V. und – nach seinem Tode 1422 – zur Anerkennung seines noch nicht einjährigen Sohnes als Nachfolger auch im Norden Frankreichs. Das geschieht in Paris unter dem Beifall des Volkes. Im Jahre 1428 wird Orleans, die Hauptstadt der königstreuen Partei, schwer bedrängt. Der Dauphin weilt bereits südlich der Loire. In diesem Augenblick konzentriert sich in der 17-jährigen Jeanne d'Arc eine nationale Gegenbewegung, die Frankreich rettet.

Um die entscheidenden Ereignisse dieser Erhebung, die Entsetzung der Stadt Orleans (1429) und die Krönung des Dauphins in Reims (16. Juli 1430), baut Schiller sein Drama. Im Mittelpunkt steht dabei die Jungfrau von Orleans und ihr Lebensschicksal. „Der Stoff ist poetisch in hohem Grade, so wie ich ihn mir ausgedacht habe." (An Körner, 28. Juli 1801.)

Das echte Wunder ist eine seltene Erscheinung; wo es auftritt in der Welt des Alltags, wird es von den Menschen entweder gläubig erfasst oder zweifelnd abgelehnt, und wo es anerkannt wird, entweder Gott oder dem Teufel zugeschrieben. Die von Johanna zum Siege geführten Anhänger glaubten zunächst an ihre göttliche Kraft; ihre Gegner, die Engländer, überliefern sie nach ihrer Gefangennahme einem Inquisitionsgericht, das sie 1431 in Rouen als Ketzerin verbrennen ließ. Das war ihr geschichtliches Schicksal.

Die Nachwelt hat sich dann immer wieder mit ihrer Persönlichkeit befasst. Schon wenige Jahrzehnte nach ihrem schmählichen Tode erfährt der Prozess, der zu ihrer Verbrennung führte, eine Revision, und aus der „Hexe" wurde nach Jahrhunderten schließlich eine Heilige (1920). So urteilte die katholische Kirche.

Auch in der dichterischen Darstellung ihres Geschicks bewegt sich die Auffassung zwischen Zweifel und Glauben. Der französische Dichter Voltaire hatte vor Schiller in einem komischen Epos „La Pucelle" (die reine Jungfrau), das 1762 gedruckt wurde, das Leben der Johanna geschildert. Johanna ist für ihn eine bewusste Betrügerin und die ganze Legende eine Übersteigerung katholischen Aberglaubens, den Voltaire durch seine witzige Kritik vernichten will. Dieses Epos hatte einen sensationellen Erfolg bei dem Publikum des 18. Jahrhunderts und wurde auch zu Schillers Zeit noch überall gelesen.

Schiller bekennt sich in seiner „Jungfrau von Orleans" nach diesem entstellenden Zerrbild wieder zu einem ernsten Glauben an die Geschichte, die bei ihm sogar noch eine Umdichtung im Sinne des Wunderbaren erfährt. „Hat er seine Pucelle zu tief in den Schmutz herabgezogen, so habe ich die meinige vielleicht zu hoch gestellt. Aber hier war nicht anders zu helfen, wenn das Brandmal, das er seiner Schönen aufdrückte, sollte ausgelöscht werden." (An Wieland, 17. September 1801.) Bei Schiller endet Johannas Leben nicht auf dem Scheiterhaufen, sondern – nach freiwilliger Entsagung und Selbstüberwindung – mit der Erfüllung der ihr auferlegten Mission. Das Mädchen von Orleans ist also auch für Schiller eine Heilige; sie verkörpert das Wunderbare. „Das Historische ist überwunden und doch, soviel ich urteilen kann, in seinem möglichsten Umfange benutzt, die Motive sind alle poetisch und größtenteils von der naiven Gattung." (An Goethe, 24. Dezember 1800.)

Aber damit vertritt sie zugleich ein in der Geschichte wirkendes höheres Prinzip, in dem sich für Schiller der Sinn der Geschichte erst erfüllt. „Die Welt als historischer Gegenstand ist im Grunde nichts anders als der Konflikt der Naturkräfte untereinander selbst und mit der Freiheit des Menschen, und den Erfolg dieses Kampfes berichtet uns die Geschichte." Durch die Darstellung solcher Konflikte in seinen Dramen wollte Schiller die idealen Kräfte im Menschen ansprechen, damit in der Welt der Zwecke die Welt der Freiheit zum Durchbruch gelange. Das ist auch der letzte Sinn der „Jungfrau von Orleans", die durch eine Umdeutung der tragischen Wirklichkeit als „religiöses Weihespiel" endet.

K. St.

ZEITTAFEL

1759 Geburt Johann Christoph Friedrich Schillers in Marbach am Neckar

1766 Eintritt in Lateinschule Ludwigsburg

1773 Eintritt in die neu gegründete Militärakademie *Karlsschule* auf Geheiß des württembergischen Herzogs Karl Eugen; erst Jura-, ab 1775 Medizinstudium; Lektüre zahlreicher Dichter und Philosophen; erste eigene Dichtungen;

1780 Abschluss der Militärakademie mit der Dissertation *Versuch über den Zusammenhang der tierischen Natur des Menschen mit seiner geistigen*, nachdem Schillers erste Dissertation 1779 nicht genehmigt worden war;

1780 Karl Eugen ernennt Schiller zum Regimentsarzt

1782 im Januar Uraufführung einer bearbeiteten Fassung der *Räuber* (1781 anonym erschienen) im Nationaltheater Mannheim, welcher Schiller heimlich beiwohnt; Bühnenaufführung ist ein großer Erfolg;

im Mai erneut Reise nach Mannheim, für die Karl Eugen Schiller wegen unerlaubten Entfernens aus Stuttgart mit 14 Tagen Arrest bestraft; Schillers Bittgesuch, weiterhin nebenbei dichten zu dürfen, lehnt der Herzog ab;

am 22./23. September Flucht aus Stuttgart nach Mannheim in Begleitung des Freundes A. Streicher; in Mannheim keine Unterstützung des *Fiesko*-Projektes; bis Jahresende hält Schiller sich an verschiedenen Orten versteckt;

1782/1783 im Dezember folgt Schiller der Einladung Henriettes von Wolzogen, ihr Gutshaus in Bauerbach (Thüringen) zu nutzen; Freundschaft mit Bibliothekar Reinwald, der später Schillers Schwester Christophine heiratet; Arbeit an *Luise Millerin*; Pläne zu *Don Carlos* und *Maria Stuart*;

1783 im Juli Bühnenfassung der *Luise Millerin* beendet, Reise nach Mannheim zu Theaterintendent von Dalberg; Schiller wird als Theaterdichter verpflichtet und erhält festes Jahresgehalt;

1784 trotz schwerer Erkrankung stellt Schiller zweite Fassung des *Fiesko* fertig; im Januar Aufführung in Mannheim, kein Erfolg; im April Aufführung des Dramas *Luise Millerin*, welches in *Kabale und Liebe* umbenannt wird; bringt Schiller ersehnten Erfolg;

Schiller wird Mitglied in der Kurfürstlichen Deutschen Gesellschaft in Mannheim und hält im Juni seine Antrittsrede *Vom Wirken der Schaubühne auf das Volk*; 1785 Veröffentlichung unter dem Titel *Was kann eine gute stehende Schaubühne eigentlich wirken?*; 1802 erscheint überarbeitete Fassung *Die Schaubühne als moralische Anstalt betrachtet*;

im September wird Vertrag mit Mannheimer Nationaltheater nicht verlängert, Schiller gerät in finanzielle Notlage; außerdem Verstrickung in unglückliche Liebesaffäre, sodass Schiller Mannheim in verzweifelter Stimmung verlassen möchte und eine bereits länger bestehende Einladung von ihm unbekannten Verehrern annimmt;

1785 von April 1785 bis Juli 1787 wohnt Schiller als Gast des Konsistorialrates Christian Gottfried Körner in Leipzig und Dresden; Freundschaft mit Körner und dessen Umfeld, großzügige Unterstützung Schillers durch Körner;
An die Freude fertig gestellt, Weiterarbeit an *Don Carlos*;

1786 Beginn des Romans *Der Geisterseher*;

1787 vollständige Fassung des *Don Carlos* erscheint bei Göschen; im Juli verlässt Schiller Dresden; bis Mai 1788 Aufenthalt in Weimar; Bekanntschaft mit Herder; freundschaftliche Beziehung zu Wieland; Mitarbeit an Wielands Zeitschrift *Der Teutsche Merkur*, wo u. a. das erste Kapitel des *Geistersehers* erscheint;

1788 im Winter Besuch in Süddeutschland; in Rudolstadt lernt Schiller die Schwestern Caroline und Charlotte von Lengefeld kennen;
wieder in Weimar intensive Arbeit, u. a. historische Studien; Plan, sich historisches Wissen anzueignen und diese Stoffe lebendig darzustellen, um so sein Auskommen zu erreichen;
im Sommer mehrmonatiger Aufenthalt in Rudolstadt; intensive Besuche bei den Schwestern von Lengefeld; im September erste Begegnung mit Goethe;
Ende Oktober erscheint der erste und einzige Teil des historischen Werks *Geschichte des Abfalls der vereinigten Niederlande von der spanischen Regierung*; das eigentlich auf 6 Bände konzipierte Werk findet allgemeinen Beifall; Schillers Motiv war u. a. die Aussicht auf eine Professur in Jena und damit die Verbesserung seiner materiellen Lage;
im Dezember Berufung als Professor für Geschichte durch die Universität Jena; 1789 Übersiedlung nach Jena; Schiller hält seine berühmt gewordene Antrittsvorlesung *Was heißt und zu welchem Ende studiert man Universalgeschichte?*, die im selben Jahr im *Teutschen Merkur* erscheint;
um Schillers geplante Heirat mit Charlotte von Lengefeld zu ermöglichen, gewährt Herzog Karl August von Weimar Schiller eine jährliche Pension;

1790 im Februar heiraten Schiller und Charlotte von Lengefeld;
schwere Erkrankung Schillers (wohl Lungenentzündung), von der er sich nie wieder vollständig erholen wird; Kur in Karlsbad;
mit großer Anstrengung bringt Schiller den 2. Teil der *Geschichte des 30-jährigen Krieges* zu Ende; wieder finanzielle Sorgen, da die Krankheit viel Geld verschlungen hat;

1791 dänischer Dichter Baggesen besucht Schiller, ist von diesem tief beeindruckt; Baggesen setzt sich bei der dänischen Regierung für Schiller ein, dem daraufhin eine 3-jährige Pension gewährt wird.
Auseinandersetzung Schillers mit dem Werk Kants;

1792 Krankheitsrückfall, Aussetzen des Sommersemesters; 3. Band der *Geschichte des 30-jährigen Krieges* wird fertig gestellt; Ernennung zum frz. Ehrenbürger vom frz. Nationalkonvent;

1793 im Winter 1792/93 Wiederaufnahme der Vorlesungen; Schillers Schwerpunkt jetzt ästhetische Studien und Fragen; Essay *Anmut und Würde* erscheint; Geburt des Sohnes Karl; Gründung der literarischen Zeitschrift *Die Horen*;

1794 durch Vorbereitung der neuen Zeitschrift Verbindung zu bedeutenden Zeitgenossen (Fichte, von Humboldt); Annäherung an Goethe, der Mitarbeit für *Die Horen* zusagt; im Sommer Beginn der Freundschaft mit Goethe; im September verbringt Schiller 2 Wochen bei Goethe in Weimar;

1795 mehrere Ausgaben der Zeitschrift *Die Horen* erscheinen, die u. a. die neuen Briefe *Über die ästhetische Erziehung des Menschen* sowie den Essay *Über naive und sentimentalische Dichtung* enthalten; Rückkehr Schillers zur Dichtung; Umsetzung der jahrelangen theoretischen Studien in die Praxis, mit dem Gedicht *Das Ideal und das Leben* beginnt neue Epoche in Schillers Schaffen; mittlerweile intensiver Kontakt und Briefwechsel zwischen Goethe und Schiller;

1796 in gemeinsamer Arbeit von Goethe und Schiller entstehen *Xenien*; erscheinen im von Schiller hrsg. *Musenalmanach*; Pläne zu *Wallenstein*;

1797 Geburt des zweiten Sohnes; Schiller dichtet zahlreiche Balladen, die im *Musenalmanach* veröffentlicht werden;

1798 Arbeit am *Wallenstein* wird fortgesetzt; im Oktober wird Vorspiel *Wallensteins Lager* im Weimarer Theater aufgeführt;

1799 im April Fertigstellung der *Wallenstein-Trilogie*; wird unter großem Beifall an drei Abenden in Weimar aufgeführt; Geburt einer Tochter und Umzug der Familie nach Weimar; *Das Lied von der Glocke*; Mitarbeit am Weimarer Theater;

1800 *Maria Stuart* vollendet; im Juni Uraufführung in Weimar;

1801 *Die Jungfrau von Orleans* abgeschlossen; im November Uraufführung in Leipzig;

1802 Herzog Karl August erhebt Schiller in den Adelsstand;

1803 Abschluss des Dramas *Die Braut von Messina*; Uraufführung im März im Hoftheater Weimar, großer Erfolg;

1804 *Wilhelm Tell* beendet; im März Uraufführung in Weimar, sehr erfolgreich; Berlin-Reise; festlicher Empfang Schillers, der kurzfristig an Wechsel denkt, dann aber doch nach Weimar zurückkehrt;

1805 Arbeit an dem Drama *Demetrius*, das Fragment bleibt; am 9. Mai stirbt Schiller in Weimar nach einem Fieberanfall und zweiwöchiger schwerer Krankheit

BEILAGE

DAS MÄDCHEN VON ORLEANS

Ursprünglich:

Voltaires Pucelle und die Jungfrau von Orleans

(Im „Taschenbuch für Damen", 1802.)

Das edle Bild der Menschheit zu verhöhnen,
Im tiefsten Staube wälzte dich der Spott;
Krieg führt der Witz auf ewig mit dem Schönen,
Er glaubt nicht an den Engel und den Gott;
Dem Herzen will er seine Schätze rauben,
Den Wahn bekriegt er und verletzt den Glauben.

Doch, wie du selbst aus kindlichem Geschlechte,
Selbst eine fromme Schäferin wie du,
Reicht dir die Dichtkunst ihre Götterrechte,
Schwingt sich mit dir den ew'gen Sternen zu;
Mit einer Glorie hat sie dich umgeben –
Dich schuf das Herz! Du wirst unsterblich leben.

Es liebt die Welt, das Strahlende zu schwärzen
Und das Erhabne in den Staub zu ziehn;
Doch fürchte nicht! Es gibt noch schöne Herzen,
Die für das Hohe, Herrliche entglühn.
Den lauten Markt mag Momus* unterhalten,
Ein edler Sinn liebt edlere Gestalten.

* Momus, griech. Momos: die Personifikation des tadelsüchtigen Spottes, nach Hesiod ein Sohn der Nacht. Er zerplatzte vor Ärger, weil er an Aphrodite nichts auszusetzen fand. – Hier als Anspielung auf den „Spötter" Voltaire zu verstehen

ZUR TEXTGESCHICHTE UND TEXTGESTALTUNG

Die „Jungfrau von Orleans“ wurde am 16. April 1801 vollendet und erfuhr ihre erste Aufführung am 11. September des gleichen Jahres in Leipzig. An der dritten Aufführung, eine Woche später, nahm Schiller, von seinem letzten Besuche bei Körner aus Dresden zurückkehrend, als begeistert gefeierter Gast teil.

Der Erstdruck erfolgte – auf Schillers Wunsch – in einem Taschenkalender, dessen einzigen literarischen Beitrag die neue Tragödie bildete: Kalender auf das Jahr 1802. Die Jungfrau von Orleans. Eine romantische Tragödie von Schiller. Berlin. Bei Johann Friedrich Unger. (1801)

Von diesem Erstdruck hat sich im Archiv des Verlages Cotta in Stuttgart ein von Schiller zu Beginn des Jahres 1805 korrigiertes Exemplar erhalten, das als Vorlage für die von Cotta zu besorgende Ausgabe seiner dramatischen Werke dienen sollte. Dieses Exemplar bildete wiederum die Grundlage für die Textgestaltung der Nationalausgabe von Schillers Werken. Der 9. Band, herausgegeben von Benno von Wiese und Lieselotte Blumenthal (Weimar, Hermann Böhlaus Nachfolger, 1948), enthält die beiden Dramen „Maria Stuart“ und „Die Jungfrau von Orleans“; auf ihm beruht die vorliegende Textausgabe, die den neuen amtlichen Rechtschreibregeln behutsam angepasst wurde.

Der am 9. Mai 1805 verstorbene Dichter erlebte das Erscheinen der auf fünf Bände geplanten Sammlung seiner „theatralischen Schriften“ nicht mehr; er hat auch die Drucklegung nicht mehr überwachen können. Zur Michaelismesse erschien dann: Theater von Schiller. Erster Band. Mit dem Porträt der Johanna d'Arc. Tübingen in der J. G. Cottaschen Buchhandlung 1805. – Auf diese Ausgabe (B) gingen – bis zum Erscheinen der Nationalausgabe – alle neueren Drucke in der Hauptsache zurück.

Schon ein oberflächlicher Vergleich irgendeiner dieser Ausgaben mit dem hier vorliegenden Text zeigt eine ganze Reihe von Abweichungen gegenüber dem Erstdruck (J) bzw. der von Schiller in seinem Korrekturexemplar (JS) niedergelegten Lesart, Abweichungen, die in erster Linie der anonymen Mitarbeit von Setzern und Korrektoren zuzuschreiben sind. Diese Eingriffe betreffen die Orthographie, in weit größerem Umfang jedoch die Zeichensetzung. Es erscheint angebracht, die hierauf sich beziehenden Ausführungen der Nationalausgabe (Bd. 9, S. 408) zu zitieren, weniger als Rechtfertigung für das hier geübte Verfahren, sondern um der grundsätzlichen Bedeutung willen, die sie für unsere Haltung gegenüber dem Wort des Dichters haben – oder haben sollten.

„... Über die orthographischen Veränderungen hinaus liegen bei B noch Text- und Interpunktionsabweichungen vor, die verhängnisvoll geworden sind, weil die meisten späteren Ausgaben den Text von B zugrunde gelegt haben.

In der Interpunktion enthält B rund 100 Abweichungen gegenüber J bzw. JS. Ganz allgemein kann man die Zeichensetzung von B dahin charakterisieren, dass gegenüber J und JS eine stärkere Akzentuierung des Textes angestrebt wird. Es werden sehr viel mehr Kommata gesetzt, als Schillers Gebrauch aufzeigt, Kommata des Erstdrucks werden in Punkte verwandelt, und Punkte werden als Frage- oder Ausrufungszeichen differenziert. Für Schillers Zeichensetzung sind nicht die Regeln der Grammatik ausschlaggebend, sondern der Rhythmus der Sprache. Die Interpunktionszeichen haben für ihn keine absolute, sondern nur relative Geltung, sie sind eine schriftliche Darstellung der Sprechpause in ihrer verschiedenen Dauer. Er benutzt die Satzzeichen zur Gliederung und Rhythmisierung des Verses und lenkt die Deutung in die von ihm gewünschte Richtung. Bei den Interpunktionsänderungen, die beim Druck von B vorgenommen wurden, handelt es sich in den meisten Fällen um eine Annäherung an die moderne Zeichensetzung, die aber nicht konsequent durchgeführt wurde. In einigen Fällen bedeuten die Verbesserungen des Setzers oder Korrektors aber ein Verfälschen von Schillers Absicht, vor allem da, wo Schiller ein bestimmtes Zeichen gesetzt hatte, das nun zwar grammatisch berichtigt wird, aber des Dichters Meinung missversteht oder doch eine leichte Verschiebung zu einer anderen Interpretation bedeutet ..."

Der reichhaltige Apparat der Nationalausgabe wurde zur Ausgestaltung der Anmerkungen dankbar mit herangezogen.

Soweit die Anmerkungen über die heute notwendigen Wort- und Sacherklärungen hinausgehen, bringen sie ergänzende Einzelheiten zu den Ausführungen des Nachwortes. Das Erkennen der zahlreichen Abweichungen innerhalb der Tragödie von den historischen Gegebenheiten, das damit möglich wird, kann – wie bei jedem „historischen" Drama – den Ausgangspunkt zu einer fruchtbaren Diskussion bilden.

Schiller hat die zu seiner Zeit erreichbaren Quellen zur Lebensgeschichte der Jeanne d'Arc sehr genau gekannt und – wie sich nachweisen lässt – benutzt. Trotzdem täte man ihm und seiner „Jungfrau" bitteres Unrecht, wenn man ihren Wahrheitsgehalt an den historischen Quellen messen wollte; sie trägt, als Geschöpf des Dichters, nicht der Historie, ihre eigene, die dichterische Wahrheit in sich. Es darf gesagt werden, dass die Dichtung auf die Forschung zurückgewirkt hat: im 19. Jhdt. entstanden in Frankreich, England und Deutschland die großen, auf neu erschlossenen Quellen beruhenden Darstellungen vom Leben und Wirken der Jeanne d'Arc, die in ansprechender Form von B. Hilliger (Jeanne d'Arc, Das Geheimnis ihrer Sendung, 1940) zusammengefasst worden sind.

Auf modernere dichterische Gestaltungen der Persönlichkeit der heiligen Johanna sei wenigstens hingewiesen: G. B. Shaw, Die heilige Johanna; Anouilh, Die Lerche; P. Claudel / A. Honegger, Johanna auf dem Scheiterhaufen (Oper). Das neueste Lebensbild schließlich, aus religiöser – nicht kirchlicher – Sicht gestaltet, das dem Wesen dieses rätselhaften Mädchens vielleicht am nächsten kommt, findet sich in W. Niggs Buch „Große Heilige" (Zürich, 1947). Es hat in seiner „heiligen Nüchternheit" selbst schon wieder dichterischen Rang. „Es gibt Themen, die ihren höchsten Ausdruck im Epos finden: Troja; andere, die erst im Drama aufblühen. Es gibt auch solche, deren innigster und ursprünglichster Charakter in der Form der reinen historischen Erkenntnis selbst beschlossen liegt; wo die höchsten Rührungen des Tragischen: das Mitleiden und die Katharsis an den bloßen Geschichtsbericht als solchen gebunden sind. Einmal in vielen Jahrhunderten lasse man Klio vor Melpomene den Vortritt." (J. Huizinga, B. Shaw's Heilige, 1925.)

ANMERKUNGEN

Die Ziffern vor den Anmerkungen bezeichnen die Verse.

v. 1 *Eine romantische Tragödie.* Der Untertitel soll offenbar ebenso sehr auf den zeitlich und räumlich entfernten Schauplatz der Handlung hinweisen wie auf ihren schwebend-überwirklichen, märchenhaften Charakter; das Beiwort steht also hier in keiner unmittelbaren Beziehung mit der ebenso benannten Dichtergruppe oder „Schule". – G. Storz erwähnt in diesem Zusammenhang die Verse aus dem Prolog zu Wielands „Oberon": „Auf, sattelt mir den Hippogryphen (d. h. den Pegasus) zum Ritt ins alte, romantische Land." – Zum Gebrauch des Wortes bei den Historikern vgl. Anmerkung. V. 469f.: König René.

9 *Dagobert.* Fränkischer König (628–638) aus dem Geschlecht der Merowinger, das 752 erlosch und von den Karolingern abgelöst wurde (Karl der Große!).

10 *Sprössling eines fremden Stamms.* Der minderjährige englische Thronfolger wurde nach dem Tode seines Vaters Heinrich V. in Paris als König von England und Frankreich eingesetzt. Die hier erwähnte und später (I, 5) von La Hire ausführlich geschilderte Krönung ist historisch, fand aber erst 1431, also lange nach der Gefangennahme Johannas statt.

14 *Sein nächster Vetter.* Herzog Philipp der Gute von Burgund (1396–1467).

Pair (franz.). Von lat. par: der Gleichgestellte. Die zwölf Pairs waren die Kronvasallen, d. h. die unmittelbaren Lehens- und Würdenträger der französischen Krone. – Vgl. den Krönungsaufzug (IV, 6), wo Burgund und Dunois ihre Hofämter ausüben.

15 *Rabenmutter.* Die französische Königin-Mutter Isabeau, geborene Prinzessin Isabella von Bayern (1371–1435). Sie war die treibende Kraft beim Zustandekommen des Vertrages von Troyes (1420), der den Engländern einen Rechtsgrund zur Besetzung Frankreichs gab. – Nach dem Tode ihres Gemahls, Karls VI. (1422), lebte sie still und zurückgezogen in Paris.

88 *Kreuzweg.* Der Aberglaube an die Wegekreuzung als Aufenthaltsort von Geistern ist heute noch anzutreffen; er hat seinen Ursprung im altgermanischen Seelenglauben und Totenkult.

93 *Druidenbaum.* Die Druiden waren die Priester des keltischen Naturkultes, in dem u. a. auch Bäume und ihre Geister verehrt wurden.

116 *Diadem* (griech.). Schmale Stirnbinde oder Kronreif.

117 *Zepter* (griech.). Herrscherstab.

118 *Drei weiße Lilien.* Die Wappenblume des französischen Königtums.

131 *Die Engel fielen.* Die den alten orientalischen Religionen eigentümliche Vorstellung der von Gott abgefallenen Engel ist an einigen Stellen auch im Alten und Neuen Testament zu finden, am ausführlichsten in der Offenbarung des Johannes 12, 7 ff.

155f. *In der Wüste trat der Satansengel selbst zum Herrn.* Nach der Taufe durch Johannes wird Jesus in der Wüste durch den Teufel in Versuchung geführt. – Nach Matth. 4,1 ff. und Luk. 4,1 ff.

165 *Vaucouleurs.* Lothringische Stadt nördlich von Domrémy, dem Heimatort der Johanna.

171 *Bohemerweib.* Böhmerweib, d. h. eine Zigeunerin. – (Franz. La Boheme = Böhmen).

176 *Lanzenknecht.* Eigentlich Landsknecht, d. h. der in „kaiserlichen Landen" geworbene Söldner, im Gegensatz zu den von auswärts kommenden Schweizern. Die Umdeutung in Lanzenknecht – nach den langen Spießen – kommt schon im 16. Jahrhundert vor.

197 *Tigerwolf.* Einer Anmerkung der Nationalausgabe zufolge soll das eine Hyänenart sein. Das ist jedoch sehr unwahrscheinlich, da es im Lothringischen wohl zu keiner Zeit Hyänen gegeben hat. Man darf daher eher an einen besonders reißenden Wolf denken, der eben darum oder wegen seines „getigerten" Felles in Schillers Quelle den unterscheidenden Namen erhielt. Zum Sprachgebrauch vgl. V. 3421f.: ... auf einem Barberross, im Tigerfell ... – Die Schilderung selbst erscheint deutlich beeinflusst von dem Bericht des Hirtenknaben David, der einem Löwen und einem Bären ein geraubtes Schaf wieder abjagt. Vgl. 1. Sam. 17, 34 ff.

224 *Burgund.* Herzog Philipp von Burgund. Zu Burgund gehörten damals die im Text genannten Gebiete des heutigen Belgien und der Niederlande.

246 *Jesabel.* Biblisch: Isebel. Sittenlose Gemahlin des jüdischen Königs Ahab. – Vgl. 2. Könige 9, 30 ff.

247 *Salisbury.* Graf von Salisbury, dessen Tod vor Orleans Johanna durch ein Gesicht erfährt. – Vgl. I, 11. – Thomas, Graf von Salisbury, fiel 1428 vor Orleans.

249 *Lionel.* Dieser von Schiller erfundenen Figur wird mit dem Namen (Lion – der Löwe) auch dessen Kraft zugeschrieben.

250 *Talbot.* Historische Persönlichkeit: Johann Talbot, Graf von Shrewsbury (ca. 1388–1453), wurde zwar während des Auftretens der Jeanne d'Arc gefangen genommen (1429), fiel aber erst sehr viel später in der Schlacht bei Castillon (Gironde), mit der der hundertjährige Krieg endete.

262 *Notre Dame.* Französische Bezeichnung für die Mutter Gottes. Die ihr geweihten Kirchen tragen dieselbe Bezeichnung. Hier ist die Marienkirche von Orleans gemeint.

269 *Bastard (franz.).* Johann, Graf von Dunois, der illegitime, d. h. unebenbürtige Sohn des 1407 ermordeten Herzogs von Orleans. – Auf diese seine Herkunft spielt Dunois in V. 531ff. selbst an, wenn er sagt: Ich bin so sehr nicht aus der Art geschlagen usw.

273 *Chinon.* Stadt an der Vienne, südwestl. von Tours, also bereits südlich der Loire, was Schiller nicht beachtete, als er den König den Rückzug „jenseits der Loire" befehlen ließ (I, 5).

320 *Himmelstürmend, hunderthändig.* Wie die in der griechischen Sage gegen den höchsten Gott Zeus aufsässigen Titanen, so steht – in Johannas Augen – Talbot gegen Gott.

337 *Der Heiden Macht.* Die Hunnen unter Attila wurden 451 von einem römisch-germanischen Heer unter Aëtius auf den Katalauni-

schen Feldern, die Araber 732 von einem fränkischen Heer unter Karl Martell zwischen Tours und Poitiers besiegt.

339 *Der heilige Ludwig.* Ludwig IX. (1215–1270), einer der volkstümlichsten französischen Könige, starb während eines Kreuzzuges in Tunis an der Pest. Er wurde 1297 heilig gesprochen.

340 *Von hier aus ward Jerusalem erobert.* Während des ersten Kreuzzuges (1096–1099), der von Frankreich aus unternommen wurde.

346 *Der König, der nie stirbt.* In dem Ruf beim Tode des französischen Königs: Le roi est mort, vive le roi! – Der König ist tot; es lebe der König! – bekundet sich die Auffassung von der Unsterblichkeit des französischen Königtums.

348 *Trift.* Dieses mit Trieb gleichbedeutende Wort ist eine Ableitung von treiben. Im bäuerlichen Lebenskreise, wie hier, bedeutet es: den zur Weide führenden Weg des Viehs, die Viehweide selbst und schließlich alles brachliegende Land, auf dem Vieh weiden könnte.

359 *Löwen um den Thron.* Anspielung auf die Löwenbilder um den goldenen Thron Salomos, die Sinnbilder der königlichen Macht, die hier offenbar als lebendig gedacht werden. – Vgl. 1. Könige 10,19.

401 *Moses auf des Horebs Höhen.* Hier erschien Gott dem Moses in einem brennenden Busch. – Vgl. 2. Mose 3,1 ff.

403 *Pharao.* Ägyptischer Herrscher.

404 *Der fromme Knabe Isais.* David, der jüngste von den acht Söhnen des ephraitischen Mannes Isai aus Bethlehem, der mit seiner Hirtenschleuder den Riesen Goliath besiegt und dadurch sein Volk befreit. – Vgl. 1. Samuel 17,12 ff.

419 *Oriflamme.* Von aurea flammula (lat.) – Goldflamme. Seit Philipp I. (1060–1108) das Kriegsbanner der französischen Könige: eine rotseidene Fahne an vergoldeter Lanze.

428 *Cherubim (hebr.).* Geschlecht von Engeln „mit dem bloßen, hauenden Schwert" aus dem Alten Testament; Wächter des Paradieses (1. Mose 3, 24); Träger des Thrones Gottes (Hesek. 11, 22).

448 *Troubadour* (franz.). Eigentl. Finder, Erfinder (von Gedichten und Liedweisen), von trouver – finden. – Die Troubadours der Provence sind die ersten Minnedichter des christlichen Abendlandes. Bedeutendere Dichtungen dieser neuen Gattung entstanden bereits im 12. Jahrhundert.

449 *Sorel.* Agnes Sorel (1422–1450). Sie stammte aus der Touraine und übte auf Karl VII. einen weit reichenden und glücklichen Einfluss aus. Der König adelte sie und verlieh ihr – wohl nicht ohne ein echt gallisches Behagen am Wortspiel – die Herrschaft Beauté-sur-Marne, sodass sie ihren neuen Titel: la Dame de Beauté, in jedem Falle mit vollem Recht tragen und hören durfte. – Ein Blick auf ihre Lebensdaten zeigt, dass sie an der geschichtlichen Tragödie um Jeanne d'Arc noch keinen aktiven Anteil nehmen konnte.

451 *Der Connetable* (franz.). Von lat. comes stabuli = der Stallmeister. Als Connétable bezeichnete man von 1191 bis 1627 den Kronfeldherrn des französischen Heeres, der gleichzeitig der erste Würdenträger der Monarchie war. Das Amt bekleidete unter Karl VII. zunächst Arthur, Graf Richemont, Herzog von Bretagne, der sich

aber schon vor der Belagerung von Orleans wegen persönlicher Zwistigkeiten vom König getrennt hatte. – Den Kronfeldherrn erwähnt Schiller noch einmal in V. 1139.

469f. *König René.* „René der Gute, Graf von Provence, aus dem Hause Anjou; sein Vater und Bruder waren Könige von Neapel, und er selbst machte nach seines Bruders Tod Anspruch auf dieses Reich" (und zwar erst 1437 gegen Alfons von Aragonien), „scheiterte aber in der Unternehmung. Er suchte die alte provenzalische Poesie und die Cour d'Amour wieder herzustellen und setzte einen Prince d'Amour ein als höchsten Richter in Sachen der Galanterie und Liebe. In demselben romantischem Geist machte er sich mit seiner Gemahlin zum Schäfer." (Eigenhändige Anmerkung Schillers – nach Baumgartens Allem. Welthistorie Bd. 38 – in dem heute verschollenen sogen. Lepelschen Manuskript.

479 *Den unsterblich grünen Zweig des Lebens.* Der Lorbeerzweig. Anspielung auf die (später in der Renaissance wieder aufgenommene) griechisch-römische Sitte des Bekränzens. Damit sollte nicht nur in bestimmten Fällen eine Ehrung erfolgen, sondern ganz allgemein eine Übertragung der vegetativen Kräfte des frischen, immergrünen Zweiges auf den Bekränzten herbeigeführt, zumindest aber auf symbolische Weise herbeigewünscht werden.

498 *Von den Lombarden.* Die vornehmlich aus der Lombardei stammenden italienischen Bankiers beherrschten damals den europäischen Geldverkehr.

522 *Der heitre Greis.* René von Anjou, genannt le Bon roi René, lebte von 1409 bis 1480. Er war also zur Zeit des Auftretens der Jeanne d'Arc gerade 20 Jahre alt!

543 *Tafelrunde.* Um den im alten Britannien herrschenden keltischen König und die an seiner Tafelrunde beteiligten Ritter entstand von etwa 800 bis 1200 ein Kranz von halb-mythischen Erzählungen, die – im Original verschollen – fast nur in der französischen mittelalterlichen Fassung im übrigen Europa bekannt wurden, wo sie sich auf Jahrhunderte hinaus größter Beliebtheit erfreuten und einen weit reichenden Einfluss ausgestrahlt haben.

570 *Vertragen.* Vertragen – einen Vertrag abschließen. – Hier als Partizip gebraucht: einen Vertrag geschlossen haben.

587 *Schott'sche Völker.* Wie Burgund gegen das französische Königtum, so standen damals die Schotten gegen die Engländer. Schottische Hilfstruppen kämpften während des Hundertjährigen Krieges gelegentlich auf französischer Seite.

629 *Fass der Danaiden.* Nach der griechischen Sage hatten die Danaiden, d. h. die 49 Töchter des Danaos, zur Strafe für den von ihnen begangenen Gattenmord in der Unterwelt unaufhörlich Wasser in ein Fass ohne Boden zu schöpfen. So tritt seit dem Altertum das Danaidenfass als Bildsymbol für ein ermüdendes, ewig fruchtloses Bemühen auf.

681f. *Du Chatel ... den er den Mörder seines Vaters nennt.* Herzog Johann von Burgund, der Vater Philipps, wurde 1419 bei einer Zusammenkunft mit der Gegenpartei der Orleanisten auf der Brücke von Montereau ermordet, wohl aus Rache für die 1407 erfolgte Ermordung Ludwigs von Orleans (des Vaters des Bastards Dunois), deren Anstifter Johann von Burgund gewesen sein soll. Der als Mörder Johanns von Burgund beschuldigte Tanneguy Du Chatel – eine historische Persönlichkeit – gehört ins Lager der Orleanisten. Das Angebot des Zweikampfes auf dem Schauplatz der Mordtat vonseiten des Königs Karl kann für diesen selbst wie für die Zeitgenossen durchaus den Charakter eines Gottesurteils gehabt haben: zur Erweisung der eigenen Unschuld in der Vorbereitung bzw. Durchführung des Mordes. Bezeichnenderweise hat Schiller auf diese Motivierung ganz verzichtet.

697 *In meinem Parlamente.* Im königlichen Frankreich der aus drei Kammern bestehende oberste Gerichtshof, der sich bereits unter Ludwig IX. aus dem conseil du roi, dem königlichen Staatsrat, entwickelt hatte. Die königlichen Gesetze erlangten Rechtskraft erst nach erfolgter Registrierung durch das Parlament, sodass dieses ein zwar beschränktes, in Einzelfällen jedoch höchst wirksames Gegengewicht gegenüber dem absoluten Herrschaftsanspruch mancher Regenten bildete.

706 *Saint Denis.* Ortschaft ca. 8 km nördlich von Paris, entstanden um die von König Dagobert im Jahre 626 gegründete berühmte Abtei, die er dem heiligen Dionysius, dem ersten Apostel und Märtyrer der Gallier, weihte. Dort war die Begräbnisstätte der französischen Könige: sie wurde zum Schauplatz bedeutender geschichtlicher Ereignisse.

715 *Harry Lancaster.* Heinrich VI. von England aus dem Hause Lancaster. – Vgl. Anmerkung V. 10: Sprössling.

717 *Sankt Ludwig.* Vgl. Anmerkung V. 339: Der heilige Ludwig.
Seine stolzen Öhme. Seine stolzen Oheime. Das alte Wort Oheim bezeichnete früher noch weitere Verwandtschaftsverhältnisse als nur diejenigen des Vaters- bzw. Mutterbruders, auf die es dann unter dem Einfluss des moderneren Lehnwortes Onkel eingeschränkt wurde. Der Öhm, Pl. die Öhme, sind nur als mundartlich bedingte Sonderformen zu betrachten.

718 *Bedford.* Herzog Heinrich von Bedford (1389–1435), der Bruder des englischen Königs Heinrich V. und Reichsverweser, d. h. Reichsverwalter für den minderjährigen Heinrich VI. Nach der für die Engländer siegreichen Schlacht bei Azincourt (1415) übte er auch im besetzten Frankreich die Regentschaft aus.

724 *Omen* (lat.). Vorzeichen. Der Glaube an „vorbedeutende“, zufällige Zeichen, deren Deutung im günstigen oder ungünstigen Sinne dem betroffenen Menschen jeweils nach seiner inneren Gestimmtheit freistand, spielte vor allem bei den alten Römern eine große Rolle.

726f. *Da trat die alte Königin … hinzu.* Dramatische Übersteigerung der Begebenheit durch Schiller; der geschichtlich erwiesene Anteil, den die Königin Isabeau an der Krönung nahm, beschränkte sich darauf, dem Einzug des jungen Heinrich VI. von ihrem Fenster aus zuzusehen.

736f. *Der missgeborne Sohn des hirnverrückten Vaters.* Der Dauphin

(Kronprinz) Karl als Sohn des erst später wahnsinnig gewordenen Königs Karl VI. – Vgl. Anmerkung V. 1023: Dauphin.

738 *Megäre.* Griechische Rachegöttin.

766 *Jenseits der Loire.* Vgl. Anmerkung V. 273: Chinon.

780 *Furie.* Römische Rachegottheit.

816 *Styg'sche Wasser.* Nach der griechischen Sage ist die Styx der Grenzfluss der Unterwelt. Der Sinn des Bildes: nach seinem Überschreiten gibt es keine Rückkehr.

822 *Gleich jener unnatürlichen Mutter.* Der jüdische König Salomo entscheidet den Streit zweier Mütter um ein Kind zugunsten der wahren Mutter, die gegen die befohlene Teilung des Kindes Einspruch erhebt und eher bereit ist, auf das eigene Kind zu verzichten, als es töten zu lassen. – Vgl. 1. Könige 3, 16 ff.

944 *Die Yonne.* Südlicher Nebenfluss der Seine.

947 *Umrungen sahn wir uns.* Der Gebrauch der ablautenden Form dieses Partizips hat schon Adelung (1801) veranlasst, dazu Stellung zu nehmen: Es stammet von Ring, und dem veralteten Zeitwort ringen, kreisen, sich im Kreise bewegen, her, nicht aber von ringen, seine Kräfte anstrengen; daher es irrig ist, wenn es einige nach dem Muster des letztern irregulär abwandeln, umrungen für umringet.

976 *Sich entscharen.* Aus einer Schar, d. h. aus einer geordneten Truppeneinheit entlaufen, ohne Ordnung davonlaufen; entfliehen. – Der sonst nicht belegbare Ausdruck stellt gewissermaßen das Gegenbild dar zu dem gebräuchlicheren „sich zusammenscharen".

1023 *Dauphin.* Der französische Kronprinz ist jeweils Herzog der seit 1349 einverleibten Dauphiné und wird nach ihr Dauphin genannt. – Auch die historische Johanna hat ihn vor seiner Krönung immer mit diesem Titel angeredet.

1139 *Kronfeldherr.* Vgl. Anmerkung V. 451: Connetable.

1149 *Fierboys.* Heute kleiner, unbedeutender Ort 30 km östlich von Chinon, ebenso weit südlich von Tours. – Die Auffindung des Schwertes spielte auch in dem Prozess der historischen Johanna eine wichtige Rolle.

1173 *Graf von Ponthieu.* Karl von Valois war Graf von Ponthieu, ehe er durch den vorzeitigen Tod seiner älteren Brüder Dauphin wurde.

1243f. *Poitiers, Crequi, Azincourt.* Hier siegten die Engländer während des hundertjährigen Krieges: Bei Crécy-en-Ponthieu (unweit der Somme-Mündung) im Jahre 1346, bei Poitiers, der Hauptstadt von Poitou, auf dem alten Schlachtfeld von 732, im Jahre 1356, wobei Jean le Bon, der Urgroßvater Karls VII., in englische Gefangenschaft fiel, und bei Azincourt, zwischen Boulogne und Arras, im Jahre 1415.

1285 *Reichsverweser.* Vgl. Anmerkung V. 718: Bedford.

1341 *Jene Hand, die Euren Vater mordete.* Über den Mord an Johann von Burgund, als dessen Urheber hier der Dauphin angeklagt wird, vgl. Anmerkung V. 681f.: Du Chatel.

1478 *Phantom* (griech.). Trugbild.

v. 1552 *Prospekt* (lat.). Fernsicht; Hintergrund.

1563 *Saverne.* Französische Schreibweise für den englischen Fluss Severn in der Landschaft Wales.

1694 *Burgund'sche Binde.* Farbige Feldbinde als Kennzeichen der burgundischen Ritter.

1709 *Circe.* Zauberin aus Homers Odyssee; sie verwandelt u. a. die Gefährten des Odysseus in Schweine.

1714 *Schildknappe.* Schildträger; Diener.

1876 *Lethe.* Nach der griechischen Sage – allerdings erst aus nachhomerischer Zeit – Fluss in der Unterwelt. Wer von seinem Wasser trinkt, vergisst die Vergangenheit und damit sein irdisches Dasein.

1888 *Hostie* (lat.). Opfer. – Als Hostie wird das geweihte Brot des Abendmahls bezeichnet. Bei der Hostie schwören und damit einen Vertrag bekräftigen, bedeutete vom Mittelalter bis in die neuere Zeit die stärkste Beteuerung und für den Partner die größtmögliche Sicherheit. Vgl. die Redensart aus protestantischer Zeit: das Abendmahl darauf nehmen.

1899 *Instrument* (lat.). Vertragsurkunde.

1934 *Arras.* Residenz der Herzöge von Burgund.

1937 *Den Stapel halten.* Zur Ausstellung kommen, und zwar auf Grund des Stapel- oder Niederlagsrechtes, das für viele Handelsstädte das kostbarste Privileg darstellte.

1953 *Mein Meister.* Mein Herr; der Herr, nämlich Gott. – Die Stelle ist biblisch in Anlehnung an 1. Mose 46, 30 (Ich will nun gerne sterben . . .) oder Luk. 2, 29 (Herr, nun lässest du deinen Diener im Frieden fahren . . .).

1993 *Phönix.* Vogel der ägyptischen Sage, der durch Selbstverbrennung verjüngt wiederersteht. Symbol der Unsterblichkeit.

2056 *Firmament* (lat.). Das Himmelsgewölbe. Vgl. 1. Mose 1, 8; die Feste des Himmels.

2099ff. *Von den niedern Hütten . . . droht den Enkeln das Verderben.* Hinweis auf die französische Revolution von 1789.

2112 *In einer Jungfrau lebt es glänzend fort.* Nach dem Tode Karls des Kühnen von Burgund (1477) fällt ein großer Teil seines Erbes an seine Tochter Maria, das „Fräulein von Burgund"; durch ihre Vermählung mit dem späteren Kaiser Maximilian I. gelangt es dann an die Habsburger, die im 16. Jhdt. Österreich, Spanien und schließlich auch große Teile von Amerika beherrschen. Zwischen Habsburg und Frankreich kommt es wegen des burgundischen Erbes bald zum Konflikt, worauf die nächsten Worte Johannas nach der Zwischenfrage des Dauphin prophetisch hindeuten.

2334f. *Das Schicksal, das immer wechselnd seine Kugel dreht.* Die Kugel, auf der dahinrollend das Schicksal in Gestalt der Fortuna häufig dargestellt wurde, ist das Kennzeichen für die Unbeständigkeit des Glücks.

2435 *Die Kuppel.* Dichterische Freiheit; die Kathedrale von Reims hat in Wirklichkeit keine Kuppel.

2436 *Kathedrale* (griech.-lat.). Bischöfliche Hauptkirche. Das mittellat. Wort cathedra bezeichnete in der Kirchensprache den Amtssitz, insbes. den Sitz eines Bischofs. Das hier zum Substantiv erhobene cathedralis bedeutete ursprünglich ganz allgemein: zu einem Bischofssitz gehörig.

v. 2518 *Festons* (franz.). Blumengehänge; Girlanden.

2624 *Ornat* (lat.). Prunkvolle, vor allem sakrale Gewänder: hier: die Krönungstracht.

2626 *Insignien* (lat., Mehrzahl). Kennzeichen eines Ranges oder einer Würde.

2639 *Pallas.* Die griechische Göttin Athene heißt als Kriegsgöttin Pallas Athene.

2764 *Platforme.* Aus dem franz. plate-forme heute volksetymologisch eingedeutscht zu Plattform, d. i. ein Söller, ein Balkon, eine Terrasse; ganz allgemein jede künstliche Erhöhung.

v. 2795 *Hoboist.* Spieler auf der Hoboe, einem von der alten Schalmei abstammenden Holzblasinstrument mit Rohrblatt-Mundstück. Die hier gebrauchte ältere Schreibweise geht auf franz. hautbois (hohes, d. h. hohe Töne von sich gebendes Holz) zurück; wir ziehen heute die aus dem Italienischen stammende Form Oboe vor.

Hellebardier(er). Ein mit einer Hellebardc, einem Spieß mit einem Beileisen – zum Hauen und Stechen geeignet – ausgerüsteter Soldat. Das ursprünglich deutsche Wort ist als Fremdwort auch in die romanischen Sprachen gedrungen: franz. hallebardier; span. alabardero.

Sainte Ampoule (franz.). Die ursprünglich in Reims aufbewahrte Heilige Ampulle (d. i. Flasche oder Büchse) mit dem Salböl, die nach einer Legende himmlischen Ursprungs ist: der heilige Remigius salbte damit den König Chlodwig nach seiner Bekehrung (496). – Nahezu 1300 Jahre später zerschlug ein Mitglied des Nationalkonvents das ehrwürdige Gefäß mit einem Hammer auf einem öffentlichen Platze zu Paris (1793).

v. 2846 *Adorieren* (franz.). Anbeten; anbetend verehren.

2959 *Und ein Altar sich ihrem Ruhm erheben.* Wenn Schiller auch die erst in unserem Jahrhundert erfolgte Heiligsprechung der Jeanne d'Arc – von der er ja nichts wissen konnte – hier vorwegzunehmen scheint, so ist doch der Gedanke völlig abwegig, als habe es jemals in der Macht ihres oder eines anderen Königs gestanden, sie zur Ehre der Altäre zu erheben. – Nicht nur an dieser Stelle wird es deutlich, wie völlig unvereinbar die religiöse, historische, psychologische und dichterische Betrachtungsweise gegenüber der einmaligen Erscheinung der Jungfrau im Grunde ist. – Vgl. dazu: G. Storz, Jeanne d'Arc und Schiller. Eine Studie über das Verhältnis von Dichtung und Wirklichkeit (Freiburg 1947).

2992 *Sabbat* (hebr.). Eigentlich der siebente und letzte Tag der jüdischen Woche: Ruhe- und Feiertag; unser Samstag (Sonnabend). – Hier liegt die Vorstellung des so genannten Hexensabbats zugrunde, der im Volksaberglauben drastisch ausgemalten ausschweifenden Vergnügungen, denen sich die Hexen bei ihren angeblichen Zusammenkünften – vor allem in der Walpurgisnacht – hingeben, die man in Norddeutschland an den Blocksberg, sonst aber auch an anderen Örtlichkeiten lokalisiert findet.

2995f. *Die Punkte, womit die Hölle sie gezeichnet.* Muttermale, die als Hexenmale galten.

v. 3021ff. *Ein heftiger Donnerschlag ... Ein zweiter stärkerer Schlag ... Neue heftige Schläge.* Der Donner, in seiner dramaturgischen Funktion als Stimme Gottes hinlänglich motiviert, ist von Schiller doch auch um seiner Bühnenwirksamkeit bewusst mit in Rechnung gestellt worden. „Der Schluss des vorletzten Akts ist sehr theatralisch, und der donnernde Deus ex machina wird seine Wirkung nicht verfehlen." (An Goethe, 3. IV. 1801.)

3321 *Palladium.* Schutzbild. Der Name kommt von einem geschnitzten Standbild der Pallas Athene, das Zeus bei der Begründung von Ilion (d. i. Troja) als Heilspfand hatte vom Himmel fallen lassen. Die Stadt hütete es als ihr höchstes und kostbarstes Gut, da sie nicht erobert werden konnte, solange sie es besaß.

3421 *Barberross.* Berberross; arabisches Pferd aus der Barbarei, den von den Barbern (heute: Berbern) bewohnten nordafrikanischen Küstengebieten.

3422 *Gendarmen* (franz.). Bewaffnete Reiter; schwere Kavallerie. Von Karl VII., allerdings erst 1445, geschaffene Elitetruppe aus jungen Adligen: ein Teil des ersten stehenden Heeres in Frankreich. – Erst in späterer Zeit erhielten die Gendarmen auch Polizeibefugnisse zur Aufrechterhaltung der Ordnung und Sicherheit des Landes; daher stammt unsere Vorstellung von den Gendarmen als einer Polizeitruppe. Es gab jedoch auch im alten preußischen Heere bis zum Beginn des 19. Jhdts. ein Regiment Gensd'armes in Berlin; der Gendarmenmarkt erinnert noch daran.